이루지 못한 꿈은
씨앗이 된다

이루지 못한 꿈은
씨앗이 된다

초판 1쇄 인쇄 _ 2019년 12월 5일
초판 1쇄 발행 _ 2019년 12월 10일

지은이 _ 이화영

펴낸곳 _ 바이북스
펴낸이 _ 윤옥초
책임 편집 _ 김태윤
책임 디자인 _ 이민영

ISBN _ 979-11-5877-146-1 03190

등록 _ 2005. 7. 12 | 제 313-2005-000148호

서울시 영등포구 선유로49길 23 아이에스비즈타워2차 1005호
편집 02)333-0812 | **마케팅** 02)333-9918 | **팩스** 02)333-9960
이메일 postmaster@bybooks.co.kr
홈페이지 www.bybooks.co.kr

책값은 뒤표지에 있습니다.

책으로 아름다운 세상을 만듭니다. — 바이북스

당신의 꿈을 응원합니다

이루지 못한 꿈은 씨앗이 된다

이화영 지음

< 들어가는 글 >

소위 문제아라는 친구들을 가르치며 생각했다. 도대체 어디서부터 잘못된 걸까? 옳지 않은 길임에도 스스로 행동을 통제하지 못하고, 그 누구의 말도 곧이곧대로 수용하지 않는 아이들의 문제 시작점은 바로 부모라는 소중한 깨달음을 얻었다. 주 양육자로서, 내 아이를 제대로 기르는 것이 무엇보다 중요하다고 생각했기에 결혼 후 큰 아이가 네 살 되던 해 주말부부를 버리고 살림살이를 합쳤다. 아는 이 하나 없는 낯선 곳에서 오직 아이들과 남편을 위해 헌신하고 봉사하는 마음으로 살겠다 다짐했다.

"엄마처럼 아무것도 안 될 거야!"

저녁 먹는 시간 보고 싶은 TV 프로그램을 안 보여준다는 이유로 투정을 부리며 5살 큰 아이가 툭 내뱉은 말이었다. 순간 난 온몸이 경직되었고, 단전 깊은 곳으로부터 분노가 치밀어 올랐다. 나도 모르는 사이에 괴성을 지르며 소리쳤다.

"내가 누구 때문에 여기에 왔는데! 너 엄마가 아무것도 안 하는 사람으로 보여? 엄마가 얼마나 대단한 사람인데!"

눈이 튀어나올 정도로 얼굴은 상기되었고, 온몸은 벌겋게 달아올랐다. 머리가 하얘져서 아무것도 할 수 없었다. 나라는 사람을 묻어두고 오직 가족의 안위만을 위해 모든 걸 헌신하고 있었는데 결국 나는 내 아이에게 '아무것도 안 하는 집에 있는 엄마'가 되어 있었다.

'나는 누구일까?'

'나는 무엇을 위해 이렇게 열심히 달려왔을까?'

앞만 보고 달려왔지만, 고작 나는 집에서 애 키우는 아줌마가 되어 있었다. 결혼과 출산으로 인생의 좌표가 무너졌다. 힘차게 달려왔다고 확신했지만, 아이의 한마디에 내 인생은 풍랑을 만난 종이배 같았다. 나라는 사람은 잊은 채 타인을 위한 삶만을 살려고 했었다. 나와는 맞지 않는 삶이었다.

어디서부터 내 삶이 잘못되었을까 끊임없이 고민했다. 생각하고 또 생각했다. 1년 더 공부하면 서울대에 갈 수 있을 줄 알고 재수를 결심했던 때부터였을까? 야구모자가 유난히 잘 어울리는 선배 오빠에게 푹 빠져 전공을 선택한 순간부터였을까? 항공사 승무원이 되겠다고 가방을 싸매고 서울로 취업 재수를 떠났을 때부터였을까? 비정규직 철폐를 외치며 투쟁을 결심하던 때부터였을까? 복직을 선택한 순간부터였을까? 나보다 잘 나가는 후임이 버거워서 덜컥 사표를 내던진 순간부터였을까? 손 안 대고 코 푸는 쉬운 일을 해 보겠다고 또다시 비정규직을 선택한 순간부터였을까? 과거를 씹고 또 씹어보았다.

내 인생에서 가슴 뛰는 시간은 언제였을까? 인생에 행복이라는 단어를 적용할 만할 때가 있었을까? 과거를 돌아보고 기억하고 더듬어 보니 황당하게도 오로지 항공사 승무원이 되겠다고 1년 반 동안 집, 학원, 도서관을 다니며 취업 재수를 하던 시간이 떠올랐다. 매일 유니폼을 입고 한 손으로는 캐리어를 끌고 당당히 공항을 누비는, 세계를 누비는 나를 상상했었다. 그 상상만으로도 가슴 떨리고, 살아야 할 이유가 있었기에 나에게 희망과 꿈이 있었다.

'그래, 나는 지금 꿈을 잃어버렸구나. 나의 꿈은 무엇이었을까. 잃어버렸던 꿈을 다시 찾자.'

그렇게 과거의 삶에서 다시 연결고리를 찾았다. 지나온 시간이 꼭 헛된 것만은 아니었다. 신은 분명히 나를 그곳에 던져둔 이유가 있을 것이었다. 고난과 고통이라 생각했던 순간마저 지금은 소중한 배움의 기회로 기억되고 있기 때문이다.

아이에게 매일 밤 책을 읽어주며 마음에 유난히 와닿는 책이 있었다. 《상수리나무의 꿈》이라는 책이다. 아기 상수리 열매가 엄마 나무를 보며 꿈을 꾼다.

"엄마, 나도 엄마처럼 멋진 상수리나무가 되고 싶어요."

열매가 떨어진 순간 강가에 빠졌지만, 은행잎의 도움을 많아 기름진 땅에 정착해서 뿌리를 내린다. 꿈을 향한 의지로 긴 세월을 버텨 엄마보다 크고 우람한 상수리나무가 되었다.

문득 이런 생각이 들었다. 이 상수리가 사과나무나 다른 나무가 되는 것이 꿈이었다면 어땠을까? 아무리 해도 이룰 수 없는 꿈을 꾸며 한탄하다 가슴이 타들어 가서 죽었을지도 모른다. 꿈을 마음에 품고 가슴 뛰는 삶을 살았지만 죽기 전 눈을 감으며 자신의 삶을 후회할지도 모른다.

시간을 돌려 생각해보니 나의 꿈이 그러했다. 나라는 사람을 잘 알지 못한 채, 공상과 허상에만 쌓여 꿈을 낭비했다. 꿈을 향해 소비한 시간과 돈이 아까워 더욱 집착하고 또 집착했다. 이루지 못한 꿈은 상처가 되고, 괜한 자격지심이 되었다.

내가 가장 좋아하면서도, 잘 하는 일, 그리고 가치 있는 일을 찾는 데 오랜 시간이 걸렸다. 이제야 해야 하는 일과 할 수 있는 일, 그리고 하고 싶은 일의 정의와 순위를 명확히 할 수 있다. 이제라도 '나'를 알아서 다행이다. 시간은 나에게만 멈춰 있는 듯했지만, 나는 그 순간에도 끊임없이 전진하고 있었다.

우연히 벽보에서 '청년'이라는 단어를 보았다. '청년'이라는 두 글자가 머리에 그려지자 나의 가슴은 두근거린다. 왠지 모르게 순간 눈물이 왈칵 쏟아졌다. 그 이름만으로도 아름다운 청년의 시기를 유난히 분노와 자격지심으로 보냈다. 조금 더 나를 사랑할걸. 조금 더 나의 삶에 집중할걸. 결혼과 육아로 인생의 좌표가 무너져서는 애꿎은 아이들 탓만 해댔다. '조금 더 나를 사랑할 걸 그랬다'라는 후회가 남는다. 꿈을 찾지 못해, 혹은 이루지 못해 여전히 방황하는 모든 이들에게 나의 이야기를 들려주고 싶다.

그리고 결혼과 육아로 인생의 좌표를 잃어버린 엄마들에게 나와 가족이 함께 공존할 수 있는 삶을 찾자 외치고 싶다. 우리가 모두 한 번뿐인 우리의 삶을 하루를 살아도 가슴 뛰는 삶, 행복한 삶으로 살아나갔으면 한다.

차례

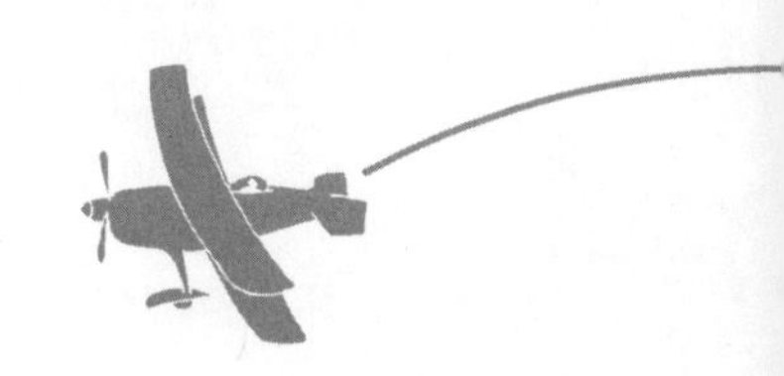

젊은 나에게 전하는 말

꿈꾸는 이들을 위하여

chapter 1

항공 승무원의 꿈을 꾸다

월수입 500만 원의 삶을 보다

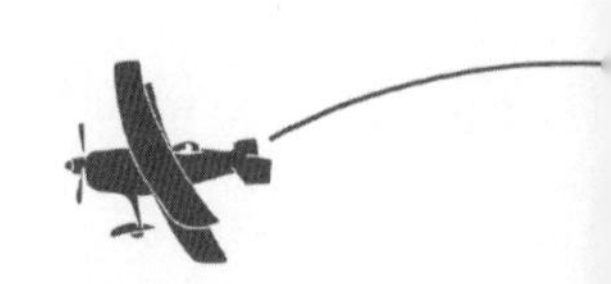

아침 여섯 시, 알람이 울리면 반쯤 눈을 감은 채 집을 나선다. 조금만 일찍 일어나 20분만 걸으면 한 시간 동안 편안히 앉아서 학교에 갈 수 있다는 욕심 하나로 이를 악물고 새벽길을 달린다. 수업을 마치고도 영어학원에서 두 시간을 보내고 집에 도착하니 오후 9시, 알람을 맞추고 또다시 잠이 든다. 내일도 같은 시간에 일어나 같은 버스를 타고 같은 일정을 보낼 테지만, 습관은 나를 혹독하게 다그쳤다.

대리점을 운영하셨던 부모님은 IMF 이후 세 명이었던 직원을 한 명씩 한 명씩 차례로 줄이셨고, 두 분이 매장을 직접 꾸려가셨다. 학교 수업이 없는 날은 항상 부름을 받고 가게를 지켜야 했다. 언제나 당연한 듯 전화 한 통, 호통 한 번이면 당장 달려가야 하는 지긋지긋한 일상이었다. 주말 오후 남자친구와 한창 데이트를 할라치면 따르릉 전화벨이 울리고 사나운 엄마의 목소리가 들린다.

"왜 안 와! 당장 달려와!"

전화를 끊고 한참 고민한다. 달려갈 것인가 말 것인가? 나는 왜 당장 달려가야 하는가? 시간을 질질 끌며 반항을 해 보지만, 결국 발길을 돌려 일손을 돕는다. 내 부모는 억만금을 주는 것도 아니면서 나를 왜 이렇게 못 부려먹어 안달인가 싶지만, 내가 이 집에서 먹고 자고 생활하려면 이쯤은 해야 한단다.

〈야마토 나데시코〉라는 일본 드라마를 보았다. 소위 말해 예쁜 여자가 돈 많은 남자 찾기를 다룬 드라마였다. 다른 내용은 크게 기억나지 않지만, 방 한 칸을 가득 채운 명품과 여주인공의 수입만 떠오른다. 항공사 승무원인 여주인공이 버는 월 소득을 원화로 환전하면 약 500만 원이라는 사실에 매료되었다. 그 돈이면 무엇이든 다 할 수 있을 것 같았다. 드라마에 나오는 값비싼 가방은 물론 옷과 구두는 나의 가치를 더욱 빛나게 해줄 것이라 확신했다. 내 인생이 분명 한층 업그레이드될 것이라 여겼다. 승무원이란 일도 전혀 어려워 보이지 않았다. 예쁘게 꾸미고 캐리어를 끌고 왔다갔다만 하면 큰돈을 받을 수 있는 내게는 완벽한 일이었다.

더군다나 외국 항공사에 입사하면 초호화 빌딩의 숙소와 그 외 체류비와 통신비가 지원된다고 했다. 잡지에서 본 실외 수영장이 딸린 5성급 호텔 같은 숙소라니. 목적 없이 공부했던 영어회화 실력이 그나마 빛을 발할 수 있을 것 같았다. 일본인 관광객이 많아 일본어를 할 줄 아는 직원은 훨씬 장점이 있을 것으로 생각했다.

'비행기를 타고 싶다. 해외를 여행하고 싶다. 외국인을 자주 만나서 영어로 이야기해 보고 싶다. 단정한 유니폼을 입고 싶고, 이름 있는 회사에서 일하고 싶다. 예쁘게 꾸민 나를 보여주고 싶다. 공부하지 않아도 되는 일을 하고 싶다. 내가 가진 역량 안에서 큰 힘 들이지 않아도 잘 해낼 수 있는 일을 하고 싶다. 사무실은 싫다. 컴퓨터 다루는 건 자신 없다. 돈을 많이 벌고 싶다. 번 돈을 펑펑 써 보고 싶다. 예쁜 옷도 사고, 예쁜 가방도 사고 싶다. 기내에서 방송하는 것도 멋있어 보인다. 예쁜 목소리라면 자신 있다.'

비행기 승무원이 나의 천직이라 확신했다. 이것쯤은 쉽게 이룰 수 있다 자만했다. 어떤 수단과 방법을 동원해서라도 반드시 이루고 말 것이라 다짐했다. 이 첫 번째 단추를 잘 채운다면 지방 3류대 졸업생이란 꼬리표도 지워지고 내 인생은 탄탄대로일 것이라 믿었다. 쳇바퀴처럼 반복되는 재미없는 삶이었지만, 더 나은 내일을 기대하며 하루하루 고단한 삶을 살아온 나에게는 큰 희망이었다. 이름 있는 기업에서 일한다는 것을 생각하니 어깨가 올라갔다. 1년이나 더 공부하고도 고작 지방 3류대 밖에 못 들어가 조용히 숨어 지내던 내가 떵떵거리며 소리칠 수 있는 인생의 전환점이 될 것이라 믿었다.

부모님께 더는 손 벌리지 않아도 되며, 당당하게 가게 일손으로 보답하지 않아도 된다 생각하니 더는 생각할 필요가 없었다. 돈이 없어서 몇 번 못 타본 비행기도 실컷 타보고, 해외여행도 마음껏 즐길 수 있을 것이다. 더군다나 멋진 남자, 돈 많은 남자가 내 여생을 행복하게 해 줄 수 있을 것이라 기대했다. 내 삶의 질적 수준을 한 층 끌어올려줄 항공사 승무원은 반드시 이루어야 할 인생의 과제이자 동아줄이었다.

어린 시절 내 삶은 쳇바퀴처럼 반복되는 재미없고 고단한 삶이었다. 옆 사람보다 조금 더 빠듯하게 움직이면 과거의 내 삶을 보상받을 수 있을 것 같았다. 동기 중 한 명이 뭐 하러 그렇게 열심히 공부하냐고 물었다. 그냥 영어가 좋아서라고 답했다. 아무것도 안 하는 사람 옆에서 뭐라도 해야 할 것 같았다. 열심히 앞만 보고 달리면 지금 내 옆에 있는 사람보다 좀 앞서지 않을까 싶었다. 이미 늦어버렸다고 생각하는 내 인생을 바로 잡을 수 있는 수단, 내 삶의 온갖 고뇌를 한 번에 승화시켜 줄 것이라 확신했다. 반드시 할 수 있을 것이라 믿었고 이 꿈을 이루지 못한다면 내가 존재할 가치가 없다고 믿었다.

집그라미와 바퀴벌레

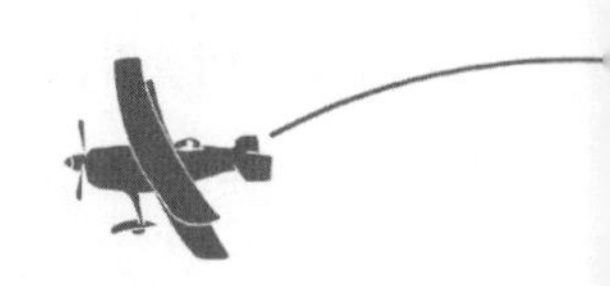

어느 날 직장을 잘 다니던 언니가 아무런 연고도 없는 서울로 가 일자리를 알아보겠다는 선전포고를 했다. 평생을 고향에서만 사시던 부모님은 철없는 짓이라며 호통을 치셨다. 저러다 제풀에 지쳐 내려올 거로 생각했던 아버지의 생각과는 달리, 언니의 서울 생활은 몇 개월이나 이어졌다. 몸 하나 겨우 누울 만한 고시원에서 지독하게 수개월을 버티던 언니는 오빠의 서울 취업 성공 덕에 부모님의 지원을 받게 되었고 그 핑계로 나도 상경하여 언니 오빠와 함께 서울살이를 시작했다. 2,000만 원으로 한 대학가 반지하 방에 전세를 얻었다. 3월인데도 서울은 마치 12월처럼 새하얀 입김이 나왔다. 언니와 오빠가 없는 낮에는 보일러를 돌리기가 미안해 이불을 뒤집어쓰고 혼자서 추위와 싸웠다.

태어나서 처음 본 생명체였다. 보는 순간 온몸의 잔털이 쭈뼛쭈

뻣 일어섰다. 제발 직선으로 자기 갈 길만 쏜살같이 가버리면 좋을 것을. 나를 보고 두려워 어쩔 줄 몰라 그러는 것인지, 애초부터 이리 태어난 것인지, 나타나기만 하면 이쪽 벽에서 저쪽 벽까지 한참을 꾸물거리며 이리저리 돌아다니기 일쑤였다. 발이 수십 개나 되어 빠를 것 같으면서도 왜 그렇게 느려 터졌는지. 언니와 함께 있을 때라면 둘이 손이라도 잡고 있지, 무방비 상태로 혼자 있을 때는 그 1분이 한 시간처럼 길게 느껴졌다. 어떤 때는 두 마리가 동시에 나타나 벽을 휩쓸고 갔다. 그저 그 순간이 지나가길 기다릴 뿐이었다.

어느 날은 손가락 길이만 한 크기의 날개 달린 바퀴벌레가 출몰했다. 머리 위에 두 번이나 앉아 큰 소동을 치렀던 기억 때문에 일종의 트라우마가 생기기도 했다. 생각만 해도 소름이 돋는 사이즈와 모양새였다. 바퀴벌레 한 마리가 방을 점령한 탓에 몇 시간 동안 방에 들어가지 못했다. 이럴 때만 자기를 찾는다는 둥, 비겁한 기회주의자라는 둥 갖가지 비난과 협박을 받으며 언니와 전쟁을 치른 끝에 겨우 각자의 역할을 정해 그놈을 사살했다. 언니가 문을 열고 바퀴의 위치를 알려주면, 나는 우리 집에서 가장 두꺼운 책으로 그놈을 내리쳤다. 우리는 미처 임무 배분이 이루어지지 않은 '종이에 싸서 버리기'로 또 한바탕 전쟁을 치러야 했다.

아메리칸 드림과 같은 서울 드림이었지만 생각지 못한 복병을 맞이하면서, 나의 갈망은 점점 더 강해져만 갔다. 반드시 내 꿈을 이루어야 한다는 이유 하나가 더해졌다. 이 집을 벗어나는 것이 우선이었다. 더불어, 자신의 인생에서 가진 것들을 조금 내어주고 포기하며 한층 나은 인생을 살게 하고자 했던 내 엄마, 아빠에 대한 보답이었다.

그러던 어느 날, 그리 늦었다고 이야기할 수 없는 밤 9시, 스터디를 마치고 한 손에는 택배 상자를 들고 집으로 가는 길이었다. 얼른 집에 가서 택배 상자를 열어봐야겠다는 생각에 가득 차 있었다. 전철역에서 나와 큰 골목을 두 번 지나면 주택이 한 채 있다. 그 집 옆으로 좁은 골목이 이어지고, 그곳에 우리 집 문이 있었고, 문을 열면 반지하로 이어지는 계단이 있었다. 집에 거의 닿을 때쯤 뒤에서 인기척이 느껴졌다.

열쇠 구멍에 열쇠를 꽂기 전 저 사람이 지나가면 문을 열어야겠다 생각했다. 문 앞에 잠시 멈춰 서서 길을 비켜주려는 찰나에 모자를 푹 눌러 쓴 행인이 빠른 걸음으로 나에게 질주했다. 한 손은 내 엉덩이에 다른 한 손은 가슴에 닿는 순간 비명을 질렀고 다리에 힘이 풀려 땅바닥에 털썩 주저앉았다.

불행 중 다행으로 지나가던 커플이 나의 비명을 들었고 남학생이 쫓아오자 그놈은 줄행랑을 쳤다. 다리에 힘이 풀려 일어날 수 없었다. 사지가 부르르 떨려 열쇠 구멍에 열쇠가 들어가질 않았다. 커플의 도움으로 겨우 문을 열었다. 다리에 힘이 들어오지 않아 방까지 기어갔다. 천만다행이었다. 문을 여는 순간 그가 빈집에 따라 들어

왔으면 어땠을까 생각만 해도 심장이 철렁 내려앉았다.

다음날도 그다음날도 무서워서 대낮에도 밖을 나갈 수가 없었던 나는 집에만 있었다. 혹시 그놈을 또 만나면 어쩌지라는 마음에 두렵고 또 두려웠다. 꼭 나가야 하는 날이면 언니가 전철역까지 마중을 나왔다. 하지만 언니도 매일 경호원처럼 나를 따라다닐 수는 없었기에 귀가가 조금 늦는 날이면 차라리 친구 집에서 하루 신세지기도 했다.

소름 돋는 벌레가 나오는 집에 들어가는 게 싫었다. 나쁜 기억을 준 그 집 대문을 여는 게 두려웠다. 하루라도 빨리 이 집을 벗어나 반짝거리는 호텔 같은 숙소에서 생활하고 싶다는 생각뿐이었다.

꿈,
그리고 낭만

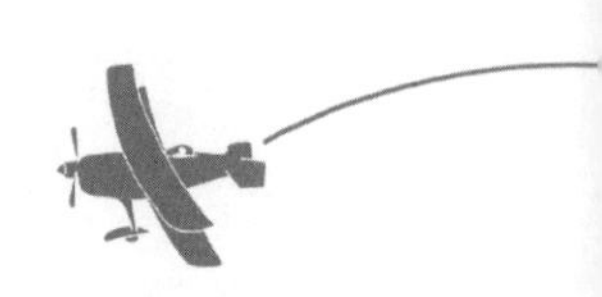

모 항공사에서 주관하는 '승무원 체험 교실'을 2박 3일 다녀왔다. 억지로 기간을 늘려 돈만 많이 받아먹는 아카데미보다는 훨씬 저렴한 비용에 유익한 경험을 할 수 있다고 생각했다. 유니폼을 실제로 입고 그들의 화장술을 따라해 보았다. 사면이 거울로 둘러싸인 워킹 방에서는 공항에서 활보하는 나를 상상하며 그들의 구두를 신고 하얀 선에 맞춰 걸었다. 기내 환경을 조성한 스튜디오에서는 직접 앞치마를 둘러쓰고 음료 서비스를 롤 플레잉도 하고 응급 대피 상황을 가장하여 비상 탈출 훈련도 해 보고, 수영장에서는 응급 구조 훈련도 해 보았다.

완벽히 준비되었다고 생각했고, 마침 해당 항공사의 국내선 승무원 공채가 났다. 몇 년 만에 이루어진 공개 채용이었지만 나는 면접 볼 기회도 얻지 못했다. 제대로 된 준비교육을 받지 못해 떨어졌다 한탄하며 엄마를 졸라 승무원 양성학원을 등록했다.

수업 첫날 선생님이 말씀하신다.

"자, 여러분은 지금 샤넬 백 하나와 여러분의 미래를 바꾸셨습니다. 비록 샤넬 백을 포기하셨지만, 여러분의 선택이 옳은 선택이었다는 것이 결과로 증명할 것입니다!"

심장이 두근거렸다. 이미 나는 하늘을 누비는 항공사 승무원이었다. 더 배울 그것이 없다고 생각했지만 그렇지 않았다. 예쁜 얼굴을 가꾸고 겉으로만 보기 좋으면 되는 줄 알았다. 그 외에 해야 할 것이 참 많았다. 날마다 수십 개의 면접 예상 질문을 적어보고 나의 답변도 적어보았다.

마음 맞는 친구들과 공부 모임을 결성하여 매주 한두 번 모임을 했다. 매회 각자가 돌아가며 면접관과 면접자가 되어 실전 면접을 시뮬레이션해 보았다. 캠코더로 촬영한 내 모습을 보며, 이래서 떨어졌구나! 깊이 반성했다. 팀원들 간에 혹독한 피드백을 주고받으며 날마다 꿈을 향해 전진했다. 외국 항공사 인터뷰는 일 경험에 대한 질문을 많이 한다고 하여 아르바이트를 하며 예상 질문에 맞는 상황을 만들어 보기도 했다. 예상 질문과 답변을 적은 노트가 점점 늘어 몇 권이 되었다. 면접이 있는 날이면 가방에 면접용 의상과 구두, 그리고 예상 노트를 넣고 습관처럼 면접을 보러 다녔다.

첫 번째 샤넬 백의 지급 유효기간이 끝났다. 내가 등록했었던 학원보다 더욱 공격적으로 외국 항공사 공채를 따내던 다른 학원은 내가 이전에 다녔었던 곳에서 받은 금액의 절반만 지급하면 나에게 더 많은 기회를 준다고 한다. 마지막이라며 한 번만 믿고 지원해 달라 울며불며 엄마를 졸라 또 학원을 등록했다. 면접 기회는 몇 번 있었지만, 합격 기회는 없었다. 가는 곳마다 경쟁자는 넘쳐났고, 나보다 훨씬 준비된 인재들이었다.

날마다 강남의 모 영어학원에 출근 도장을 찍었다. 수업도 안 들으면서 강의실을 차지했다. 어떤 학생들은 내가 그 학원의 영어 선생인 줄 알고 인사를 하기도 했다. 어찌 보면 웃픈 이야기이지만, 날마다 꿈을 꾸는 나는 가슴 뛰었고, 희망이 있었다. 시간이 조금 걸릴 뿐이라 생각했다. 조금 늦지만 포기하지 않고 끝까지 도전한다면 반드시 이루어질 것이라 확신했지만 쉽지 않았다. 부족한 점을 채워도 채워도 턱없이 부족하고, 다 했다 싶으면 다른 것들이 또 보였다. 하루는 참담하고 막막하기 그지없었지만, 하루는 또 힘이 솟았다. 같은 꿈을 꾸는 친구들이 있기에 하루하루 포기하지 않았고 내일을 향해 전진할 수 있었다. 이 길밖에 없다고 생각하며 하루하루를 살았다.

오늘은 국내 항공사 공채 1차 면접 결과가 나오는 날이다. 오후 5시에 홈페이지에 게시될 예정이지만 전날 밤부터 잠이 오지 않았다. 혹시 눈을 감으면 떨어지는 꿈을 꿔버리지는 않을까 싶었다. 이번 기회를 놓치면 나이 제한으로 더 지원할 수 없으니 나에게는 마지막 기회였다. 외국 항공사도 매력이 있지만, 국내 항공사라면 여러 면에서 좋은 조건이라 생각했다. 결혼 후에도 계속 다닐 수 있을 것 같았다.

3시부터 컴퓨터 앞에 앉아 혹시 결과가 미리 나오지는 않았는지 클릭해 본다. 설레발치면 되는 일도 안 된다던데 잊고 다른 일에 몰두해보자 싶지만 그리되지는 않는다. 한마음인 준비생이 모인 온라인 카페에도 들락날락하며 정보를 모은다. 4시 55분 클릭 한번, 56분 한번, 57분 한번, 1분마다 혹시나 하는 마음에 나도 모르게 클릭질을 해 본다. 5시 정각, 서버가 다운되어 잠시 에러가 생긴다.

잠시 후 드디어 클릭 버튼이 눌러지고…. 가장 먼저 보이는 문구는 여느 때처럼 '사과의 글'이다. 이번에는 다르겠지 싶었는데…. 합격만 시켜 주면 뭐든 시키는 대로 다하겠다. 하늘에 맹세했는데…. 이럴 줄 알았다 싶으면서도 나에게만 까칠한 하늘이 아주 밉다. 그대로 사지를 뻗어 바닥에 누워버렸다. 천장에 초점을 맞추고 끔뻑끔뻑 눈을 떴다 감기를 반복했다.

다른 일이라도 해 볼까 고민했다. 한 회사의 비서를 뽑은 일에 지원했다. 면접의 기회가 주어졌고 면접이라면 자신 있었다. 여느 때처럼 면접 내내 곧은 자세와 밝은 미소를 잃지 않았다. 다 자신 있다 대답했다. 시키는 건 무엇이든 할 수 있다고 나를 포장했다. 마지막 질문을 주셨다.

"스프레드시트를 어느 정도 하십니까?"

1초 정도 정적이 흘렀고 그 사이 내 동공은 흔들렸다. 스프레드시트가 무엇인지도 몰랐다. 그게 뭐냐고 물어보면 당연히 나를 기본도 모르는 사람으로 취급해 일할 기회를 얻지 못할 것이다. 잘못한다고 대답해도 찝찝했다. 순간 오만 가지 생각이 머리를 꽉 채웠다. 결국, 밝은 미소와 함께 나의 대답은 "물론입니다."였다. 순간 면접관의 눈빛은 뭔가 아는 듯했고, 합격 연락은 오지 않았다. 거짓은 어떤 것도 포장할 수 없다. 내가 조금 솔직했다면 나는 그 기회를 잡을 수 있었을까? 떨어졌을 수도 있다. 그러나 그의 기억 속에서 나는 완벽하지는 않지만 솔직한 사람으로 각인되었을 것이다. 나 스스로에게도 당당한 내가 되었을 것이다.

얼마 지나지 않아 또 다른 면접을 보았다. 코엑스 전시회에서 일본어 통역요원을 뽑는 자리였다. 면접관과 일대일로 면접이 진행되었다. 과거의 실수를 되풀이하지 않으려 마음먹었다. 한 시간 정도의 심층 면접에 진땀을 흘렸다. 말 그대로 실제로 땀이 줄줄 흘러내렸다. 오랜만에 일본어로 대화를 주고받자니 더욱 진땀이 났다. 면접이 끝나고 면접관은 안타깝지만 내 실력이 통역할 수준은 아니라 채용은 힘들겠다고 말했다. 그러나 끝까지 흔들리지 않고 면접에 최선을 다하는 모습이 참으로 보기 좋다며 다음 기회에 꼭 함께 일을 해 보자고 했다. 끝난 마당에 주는 덕담이겠거니 생각했다.

그러나 1년 뒤 정말 연락이 왔다. 자기 회사에서 이번에도 전시회를 개최하는데 기간 책임자를 맡아주지 않겠냐는 거였다. 이미 직장에서 근무하고 있을 때라 상황을 말씀드리고 정중히 거절했다. 누구에게나 진정성을 바탕으로 마음을 다한다면 그 마음은 전달되리라는 것을 몸소 깨달았다.

하루하루 최선을 다했고 노력했지만, 계획했던 일이나 하고 싶었던 일은 이루어지지 않았고, 행운은 항상 나만 비껴간다 생각했다. 이렇게 살아서 뭐 하나 싶었다. 사는 게 재미가 없었다. 내가 그린 그림대로 되지 않는 인생이라면 의미 없는 인생이었다. 비뚤어지게 살아볼까? 하는 반항심도 삶에 대한 의욕이다. 나에게는 그 의욕조차 없었다. 삶이란 그 자체가 무의미했고, 아무것도 이루지 못하는 나는 가치 없는 존재였다.

이제는 더 내일이 기대되어 살지는 않았다. 죽지 못해 살았다. 죽는데도 용기가 필요했다. 그 용기조차 없는 인생의 패배자였다. 처음의 강한 열정과 열망은 잊어버렸다. 지금까지 투자 한 시간과 돈을 보상받고 싶었다. '네가 그럼 그렇지'라는 주변의 시선이 두려웠다. '네가 하는 일이 다 그 모양이다', '뭐든 끝까지 해내는 게 없다'라는 야유가 귓가에 맴돌았다. 해 보이고 싶었다. 이전의 나와는 다른 나로 인정받고 싶었다.

미안해,
난 도망치고 싶어

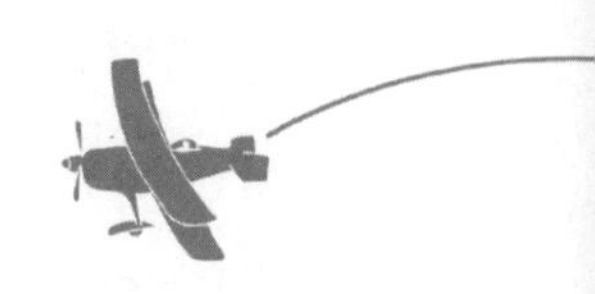

당신은 왜 항공사 승무원이 되려고 하나요? 면접을 볼 때마다 받았던 질문이다.

"저는 서비스 직종에서의 다양한 경험이 있습니다. 그러므로 진정한 서비스 정신이 몸에 배어 있습니다. 고객의 눈을 보고 한발 다가서서 먼저 행하는 서비스 뒤에 그분들의 흡족한 미소를 보았을 때, 그것이 저의 천직임을 느낄 수 있었습니다. 또한 2002년 월드컵에서 영어서비스 자원봉사를 지원하여 호텔에서 의전, 영접을 맡은 경험이 있습니다. 경기 총괄을 위해 우리나라에 오신 외국 손님들은 응대하며 한국의 이미지가 저에게서부터 시작된다는 마음에 책임감과 자긍심을 느낄 수 있었습니다. 항공기는 하늘의 문이라고 생각합니다. 그 하늘의 문에서 고객들이 저의 미소를 보시고 귀사에, 더 나아가서는 우리나라에 대한 좋은 인상을 받는다면, 그것이 곧 저의 행복입니다. 그래서 저는 승무원이 되고 싶습니다."

거울을 보며 몇 번이나 연습한 답변이다. 나는 서비스직이 어울린다. 나는 보여주기를 좋아한다. 다른 사람에게 예쁘게 보였으면 좋겠다. 말끔히 차려입고 각 잡는 일을 하고 싶다. 그럼 비행기 승무원 말고 어떤 일이 있을까? 다른 길도 한번 찾아보았다.

연봉 2400만 원을 준다고 하는 임원 비서직에 지원해 보았지만, 내가 그 일을 하기엔 너무 부족한 사람이었다. 엑셀이 무엇인지 문서 작성은 어떻게 해야 하는지 몰랐다.

사회 초년생으로서 기본적으로 갖추어야 한다는 자격 사항에 이미 멀어져 있었다. 이제 와 컴퓨터 관련 자격증을 취득하는 데 시간과 돈을 써버린다면 나는 또 한발 늦는 것 같았다. 좀 더 쉬운 일은 무엇일까? 호텔리어, 전시장 도우미, 레스토랑 웨이트리스 등 내가 할 수 있는 다른 일은 무엇인지 고민해 보았다.

서비스직이라는 점, 말끔히 차려입고 각 잡힌 서비스를 한다는 점이 내가 승무원을 지원하는 동기와 일맥상통했다. 고객이 보이지 않는 밀실에서 아르바이트 수십 명이 둘러앉아 숟가락과 포크를 닦았다. 문이 열리면 배정받은 메뉴를 시간 안에 신속하게 전달했다. 발바닥은 조금 아팠지만, 접시만 몇 번 나르면 적지 않은 일당을 주는 일이 나쁘지는 않았다. 본인의 요구 사항을 관철하기 위해 더 높은 직급의 직원을 불러오라는 까탈스러운 손님을 보고 더 높은 직급을 갖고 싶었다. 호텔에서는 기본 근속연수가 15년이고 해외 유학과들이 많아 어느 정도의 직급에 오르려면 한참을 근무해야 한단다. 내 나이 20대 후반에 이 일을 새로운 업으로 시작하기에 역시 늦었다 생각했다.

내 구미에 맞는 다른 일은 무얼까? 전시장에서 상품 설명을 하던 중 한 아이가 내게 아나운서 같다는 이야기를 했다. 초등학교 3학년 때 처음 인지하게 된 아나운서라는 직업. 아버지가 "네 주제에 무슨 아나운서냐"며 깔아뭉갠 덕에 나는 전혀 꿈도 꾸어서는 안 되는 줄 알았던 직업이다. 이제야 그 직업은 어떨까 들여다보니, 그 세계 역시 승무원보다 치열하고 각박한 그들만의 리그가 있었다. 가장 큰 고비는 필기시험을 치르기 위해 논술, 작문, 일반 상식을 공부해야 했다. 한국어 능력 시험도 중요사항으로 반영되기 때문에 응시자는 누구나 기본 요건으로 갖추고 있는 자격 중에 하나라고 했다.

몇 개월 과정의 아카데미, 그룹 스터디, 각종 아르바이트, 수십 번의 면접과 탈락을 반복하다 보니 어느덧 1년 하고도 반이라는 시간이 흘렀다. 생각만 하면 무엇이든 이룰 수 있다는 자만심은 어느 것도 해내지 못하는 자괴감으로 바뀌었다.

비행기를 타면 예쁜 언니들이 예쁜 옷을 입고, 예쁜 화장을 하고, 향수 냄새를 풍기며 나에게 미소지어주던 그 모습이 멋져 보였다. 무거운 쇳덩어리에 모양 없는 카트이지만 아름다운 그녀들이 손을 대면 그것조차 품격 있고 고급스러운 마차로 보였다. 온통 대리석이 깔린 으리으리해 보이는 건물에서 출퇴근 도장을 찍는 그들이 그저 부러웠다. 정면을 향해 가슴을 펴고 걷는 흐트러짐 없는 자세는 언제나 당당해보였고, 그 당당함을 갖고 싶었다.

이것만이 내 길이라 확신했지만, 결과가 없었고 다른 길을 찾아보니 할 줄 아는 게 없었다. 쉬운 길을 힘들이지 않고 가기만을 학수고대했다. 구미에 맞는 일을 찾기에 힘들었다. 앞이 보이지 않는 어두운 동굴을 이제는 나가고 싶었다. 갈림길에 섰다. 막상 동굴의 끝에 다다르니 다른 길이 이어졌다. 이 길을 가도 되는지 물었다. 비행기 승무원은 선배들의 등쌀에 잠도 제대로 못 잔다던데, 나는 앞 기수가 많지 않으니 일하기는 고되지 않겠다.

비행기가 이륙하고 착륙하는 순간 우리 몸이 스트레스를 많이 받아 병도 많이 걸린다던데, 그럴 걱정은 안 해도 되겠다. 마음 속 자기변명은 하나 둘 늘어나고 있었다.

KTX 승무원이 나의 기대를 충족시킬 수 있을 것이라 확신했다. 몇십 번의 면접과 낙방에 지쳐 있었고, 이제 나는 샤넬 백과 학원비를 바꾸고 싶지 않았다. 나는 강하게 염원하고 열망하며 당연히 자신 있다 확신했던 비행기 승무원은 되지 못하고, KTX 승무원을 선택했다.

chapter 2

취업, 그리고 현실

지상의 꽃이 되다

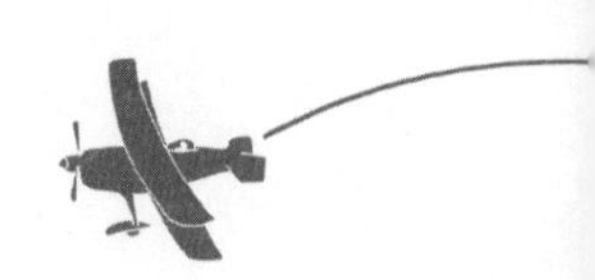

1년하고도 반년을 준비해서 드디어 취업에 성공했다. 항공사 승무원에게만 혈안이 되어 다른 건 보이지 않았었다. 인지하지 못했던 KTX라는 열차 승무원 모집 공고를 접하고 채용 설명회를 들었다. 2기 승무원을 모집하는 공고였다. 현업에서 근무하는 선배 승무원 3명이 함께 왔다. 어두운 회색 컬러의 유니폼이 밝은 느낌은 아니었지만 같은 컬러의 모자가 왠지 매력적이었다. 하늘과 땅이라는 공간만 다를 뿐 이 직업도 나쁘지 않겠다 싶었다. 이번 채용에는 탈락했다. 2기에 탈락한 지원자를 선별하여 추가 면접을 보고 3기에 합격하게 되었다.

몇 백만 원을 투자해 비행기 승무원은 못 되었지만, 우리나라 최초의 초고속 열차의 꽃이 되었다는 자부심이 있었다. 처음으로 누구나 아는 회사에서 일하게 되었다. 누구나 아는 직업도 갖게 되었다. 누가 부르기 시작했는지는 모르나 KTX 승무원을 지상의 꽃이라고 한다. 나를 콕 집어 꽃이라고 부르는 것은 아니지만 내가 속한 집단을 꽃이라고 칭하니 내 어깨가 으쓱했다. 어느 날은 한 인터넷 포털 사이트에 KTX 승무원 신붓감 1위가 검색어 메인이 된 걸 보았다. 벅찬 자긍심을 느꼈고, 그동안의 고뇌와 번뇌에 대한 보상을 받는 듯했다. 초등학교, 중고등학교 동창, 대학 동기, 나를 알았던 고향에 계신 주변인들은 비로소 나를 부러운 시선으로 본다. 항상 걱정에 걱정이 앞서셨던 부모님도 이제야 나를 인정하는 듯하다. 그래, 내 어깨의 뽕이 하늘까지는 아니지만, 귀까지는 올려준 이 직업이 나쁘지 않았다.

입사 교육이라는 걸 처음 받아보았다. 그러나, 승차권 구간 연장 계산법, 부정 승차자 응대법, KTX 열차의 구조 등등 예상하지 않았던 내용을 숙지해야 했다. 예쁜 옷만 입고 예쁘게 꾸미고 돌아다니기만 하면 내 일이 끝나는 줄 알았는데…. 같은 마음으로 새롭게 시작하는 동기들이 있기에 그런 것쯤이야 모두 수용할 수 있었다.

실내 교육장에서의 이론 교육이 끝나고 실제 업무 현장에 투입되어 수습 승무가 이루어졌다. 벅찬 마음으로 출퇴근 도장을 찍는 사무실에 발을 내디뎠다. 선배들로부터 지시받은 첫 번째 임무는 누구든 볼 때마다 정중한 인사와 함께 자기소개를 하라는 것이었다. 인사라면 자신 있지. 몇 백만 원을 투자한 학원에서 배운 것 중 기억에 남는 건 단연 승무원의 인사법이다. 그간 면접은 몇 십 번 낙방했지만 '인사' 하나는 자신 있었다. 상대방의 눈을 맞추고, 허리와 등 그리고 머리를 일직선으로 맞춘 후, 30도 각도를 맞추어 내려갈 때 눈의 시선은 1.5배 앞을 내려다보며 정중히 하나둘에 내려갔다. 셋 쉬고 넷에 올라오기다. 그야말로 식은 죽 먹기이자 누워서 떡 먹기였다. 건물을 들어서자마자 처음 마주친 안경 쓴 선배! 저 선배는 오늘 승무가 없는 날인가 보다. 마치 대학의 복학생과 같은 분위기다. 나는 너무 반가웠다. 그럴싸하다고 확신하는 첫 직장에서 만나는 첫 선배에게 하는 첫인사. 미소를 가득 머금고 애교를 가득 섞어 "안녕하십니까, 3기 승무원 이화영입니다!" 각 잡아 인사를 마쳤다. '선배니임~ 만나서 넘흐 방가워용~ 이뻐게 봐주세요옹~' 충분히 나의 진심이 전해졌으리라 생각했다.

"너 이리와 봐! 인사 어디서 배웠어? 이따위 밖에 못 해? 다시 해봐!"

"안녕하십니까. 3기 승무원 이화영입니다."

앞서 저지른 나의 실수가 도대체 무엇이었나 짧은 시간 머리 굴리며 생각했다. 이곳은 학교가 아니고 회사인데, 내가 좀 가벼워보였나 보다. 이번에는 조금 덜 예뻐 보이려 애교를 살짝 빼 보았다. 날아오는 반응은 "지금 장난해?"였다.

태어나서 처음 느껴보는 색다른 황당함과 놀라움이다. 무지하게 깐깐하고 융통성 없을 법한 선배의 지시는 그야말로 하늘의 명이었다.

"안녕하십니까, 3기 승무원 이화영입니다!"

스무 번은 한 것 같다. 눈물이 핑 돌았다. 회차를 반복할수록 이것은 무엇인가? 나는 지금 무얼 하고 있는가? 여기는 어디인가? 이 사람은 내게 왜 이러는가? 이 논리적이지 못하고 이유 없는 행동을 이 여인은 내게 왜 반복하게 하고 있는가? 이 여인이 나에게 가르치려는 건 무엇인가? 끊임없이 상황을 분석하려 하고 답을 구하려 애썼지만, 답을 구하지는 못했다. 그 여인은 나에게 큰 인심을 써 보이며 말했다.

"너 처음이니까 봐준다! 다음에 만나서도 이렇게 똑바로 안 하면 가만 안 둔다!"

"네, 잘 알겠습니다. 감사합니다!"

난 도대체 무엇을 알았으며 무엇을 감사한단 말인가? 그저 그 상황을 모면했다는 것이 감사했다.

처음 들어선 사무실은 내 기억 속에 별빛처럼 반짝이던 곳이 아니었다. 고개를 들어 한참을 응시해야 보이는 천장 따위는 없었다. 대리석으로 도배되어 걸을 때마다 또각또각 구두 소리마저 아름답게 들리는 로비도 없었다. 내 머리와 가슴에 기억되는 그리고 기대했던 그림은 그저 상상을 넘어 공상이었다. 열차가 출발하면, 부리나케 자리검열을 한다. 자기 자리가 아닌데 모르는 척 특실에 앉아있는 일반 객실 손님을 쫓아내고 이름 좋은 특실서비스를 시행한다. 아무리 예쁘게 차려입고 예쁘게 화장하고 비싼 향수를 뿌린 내가 끌어도 내 카트는 볼품없는 쇳덩어리일 뿐이다. 이 쇳덩어리를 밀고 객실과 객실 사이 이어지는 연결 언덕을 넘으며 나는 생각했다.

'아! 이 일은 내가 생각했던 일이 아니구나…! 온통 머리는 이게 아니구나…. 이게 아니구나…. 이건 내 일이 아니구나….

내 마음속에 잡념이 가득했다.

비정규직의 현실

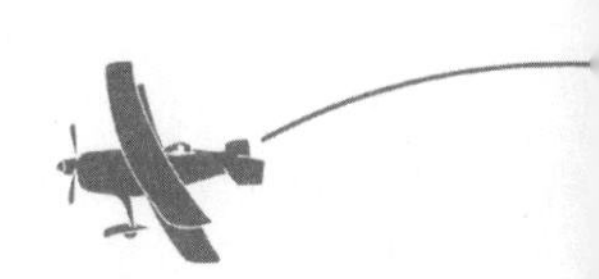

열차가 출발하면 가장 먼저 특실 좌석을 확인한다. 일반실 승차권을 가지고 특실에 앉아있는 손님들을 제자리로 안내한다. 특실은 18호 차 중 4개의 객차이다. 객차 사이에는 특실 고객만을 위한 서비스 용품이 제공된다. 그 공간에 특실 무료 비품이 비치된다는 사실을 안 몇몇은 자기 물건인 양 챙겨간다.

우리 업무 중 하나는 그들에게 물건을 돌려받는 일이다. 정당한 승차권을 소지하지 않는 손님에게 자릿값을 요구하는 일은 가장 중요하면서도 꺼려지는 일이었다. 누군가는 자는 척하거나 누군가는 취한 척한다. 특히 밤늦은 열차에는 취객이 많이 탄다. 잠에 취해 질질 끌려 내리는 손님은 그나마 양반이다. 어디서 뺨을 맞고 와서 열차에서 화풀이한다. 숙박 열차는 겨우 몇 시간 자고 또 업무 준비를 해야 하는데, 12시가 넘어 겨우 숙소에 들어간다. 온몸에 기가 콱콱 막혀 근육 사이사이가 쑤셔왔다. 화병이다. 마음의 응어리가 쌓이고 멍울져 터질 데가 없어 몸에서 터졌다. 아래 도급업체라는 이유로 항상 감시당했다.

옳고 그름이 있는 상황에서 소리 내지 못했다. 소리 내면 지탄받고 일 못 하는 사람이 되고 걱정거리가 될 뿐이었다. 자꾸만 인생은 원하지 않는 방향으로 흘러가고 나는 전혀 기대하지 않았던 상황에 빠졌다. 진흙에 빠져 허우적대는 듯하다.

대전에서 서울로 향하는 첫차에 특실을 탄 손님은 많지 않다. 5호 차 맨 뒤 줄에 발권이 되지 않을 만한 자리에 누군가 앉아있다. 지식인으로 보이고 싶은 듯 무테안경을 끼고 고상한 척 신문을 펼쳐 읽고 있다. 그 앞에는 당연한 듯 수면안대와 생수가 놓여 있다. 표가 발권되지 않은 좌석임을 확인하고 승차권을 보여주기를 요청한다. 뭘 대단한 걸 꺼내는 듯 철도공사 사원증을 쓱 보여주고 집어넣는다. 어떤 사람도 표가 없이는 승차할 수 없다고 배웠었다. 직원이라면 일반실을 이용해 달라 한발 양보해 정중하게 얘기했다. 앙칼지고 거만하게 생긴 그는 안경 너머로 나를 한번 쏘아보고는 자기 할 일을 한다. 몇 차례 실랑이가 반복되자 나를 가만 안 두겠다고 한다. 이해가 가질 않는다. 그렇게 높은 직급이라면 지켜질 만한 규정을 만들어 놓지 본인들도 지키지 못할 것을 정해놓고 어기는 행동을 당연하다 생각하는지. 하청 업체 나부랭이는 그저 입 닫치고 묵인해야만 했다.

손님이 다 내리면 특실담당 승무원은 무료 서비스되었던 물품의 남은 개수를 기록하고 열차 팀장에게 서명을 받는다. 어떤 팀장은 남아있는 캐러멜과 사탕의 개수를 개당위로 다 세게 한 후 시킨 것도 모자라 못 미더운지 본인이 한 번 더 세어본다. 감히 철도공사의 소중한 자산을 하청업체 직원이 빼돌릴지도 모른다는 확신에서다. 남아있는 사탕들은 한 개 한 개 세고 서 있는 나를 보면 또 설움이 복받쳐 온다.

열차가 출발할 때부터 눈에 띄는 손님이 있었다. 성인 키만 한 캐리어를 끌고 들어온 외국인 여자 손님이었다. 서울역에 열차가 도착하고 다른 손님이 다 떠날 때까지 자리를 지키던 그녀를 보고 불길한 마음에 한걸음에 달려갔다. 무거운 캐리어를 질질 끌며 내리다 발판을 잘못 디뎌 발이 역사 아래로 빠져버린 것이다. 상처가 꽤 깊었다. 움푹 패 피가 상당히 많이 흘렀다. 구급차를 불러 인계한 후 일이 마무리된 줄 알았다. 피해 보상 관계로 소송을 걸어 검찰이 몇 차례 전화가 왔다. 총 책임자인 팀장은 발을 빼고 본인과는 상관이 없다 했다. 회사가 다르니 알아서 처리하라며 시종일관 모른 체했다. 난생처음 검찰이라는 직군의 사람에게 전화를 받고, 조사를 받는 중 회사에 있으면서 업무 중 일어난 일에 대해 누구도 우산이 되어 주지 않았다.

근무도 호락호락하지 않았다. 시속 300km 고속철 안에서 승무원 3명이 1천여 명의 고객서비스를 담당해야 했다. A 승무원은 1호차부터 5호차, B 승무원은 6호차부터 10호차, C 승무원을 11호차부터 18호차를 담당했다. 꼴통 선배와 함께하는 날이면 내 일은 배가 되었다. 승무원 6명이 승객 300명을 담당하는 비행기와 비교하면 턱없이 부족한 인원이었다. 지방에서 서울까지 통근하는 손님은 할인을 받고 정기권을 끊는다. 정기권 승차자는 좌석이 지정되지 않은 17, 18호차에 앉아야 한다. 열차가 출발하면 C 승무원은 공란이 있는 좌석 리스트에 수기로 출발지와 목적지를 기록한다. 이때 정기권을 소지하고 있지 않거나 승차 구간을 지키지 않는 손님에게는 요금을 부과시킨다.

정기권 소지자 이외에도 부당한 요금을 지급하지 않고 열차에 탄 손님은 어마어마했다. 혼란스러웠다. 면접관이 물어본 지원 동기에 "서비스업무가 가장 잘 맞고, 누구보다 잘 해낼 자신이 있으므로 본 직무에 지원했다"라는 대답은 이 일과 무관한 듯 여겨졌다. PDA로 실시간 좌석을 검색한 후 부정으로 승차한 손님을 찾아내어 요금을 부과시키는 일이 본 업무였다. 남는 시간에는 고객의 문의 사항이나 요청 사항을 제어해야 했다.

나는 경찰인가라는 의문도 들었다. A승무원은 그나마 특실을 담당하며 B, C승무원보다는 손님에게 서비스를 제공할 기회가 있었다. 그러나 A 승무원은 더 고달팠다. 열차를 좀 이용해본 손님들은 고의로 특실칸으로 승차해 특실칸 중간마다 비치된 무료 물품을 몽땅 털어갔다. 그것을 발견하고 그러면 안 된다. 두고 가라 얘기하면 적반하장이었다.

신입사원이 되고 첫 명절을 맞이했다. 열차 팀장들은 보너스가 얼마 나왔다는 둥 자랑질을 해댄다. 우리를 고용한 자회사로부터는 그 흔한 참치 통조림 선물 세트도 못 받았다. 철도공사는 인심을 쓰는 듯 스타킹 몇 개와 촌스러운 파란 무늬목도리를 선물했다. 관심 밖의 일이라 치부하려 했지만, 그들이 얘기하는 '우리'의 일원이 되지 못함이 참으로 한탄스러웠다. 이 일이 내 일이라 생각해 시작했고 제일 잘 할 수 있는 일이라고 확신했는데, 나는 한없이 초라한 존재로 인식되었다.

하루하루 지날수록 내 마음은 채워지지 않았다. 스스로가 초라하고 끊임없이 부끄러웠다. 항공사 승무원이 되었다면 지금보다 두 배는 더 받을 텐데, 내 월급은 고작 이 정도야. 항공사 승무원은 회사에서 이것도 해준다는데 내가 회사에서 받을 건 뭐지? 항공사 승무원은 이런저런 교육도 해준다는데…. 그만큼 직원을 사랑하고 인재로 키우려는 거 아냐? 나도 좋은 교육 받고 싶고, 해외 여기저기를 누비고 싶어. 내 일에 대한 부끄러움, 내가 하고자 하는 일에 대한 실패의 경험은 나를 점점 작게 만들어갔다.

세상을 바꾸기 위하여

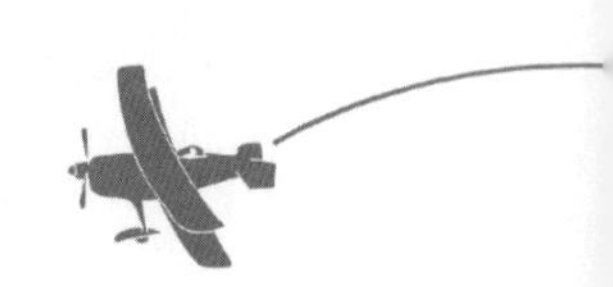

패배감과 자격지심에 하루하루를 보내던 중 노동조합에서는 총파업을 일으켰고, KTX 승무원 정규직화는 노동계와 정치계에 주관심사로 떠올랐다. 일을 그만둘지 안 둘지는 나만 결정하면 되는 줄 알았는데 그 결정권이 나에게는 없다고 한다. 나는 비정규직이라고 한다. 파업에 동참하면 한국철도공사의 정규직을 시켜준단다. 정규직이라는 단어조차 생소했다. 내가 싫다고 나가기 전에는 나에게 일을 그만하라고 내치는 사람은 없는 줄 알았다. 검은 머리가 파뿌리 될 때까지 일할 수 있는 줄 알았다. 난 여태 정규직인 줄 알고 일해 왔는데 나를 정규직을 시켜준단다. 아…. 나는 철도공사 자회사의 비정규직 하청업자였다.

철도공사의 정규직이 되면 팀장이라는 명찰을 걸고 으스대며 잘난 척하던 그들과 같은 집단이 된다. 그들은 항상 한 열차에 타며 자기가 속한 집단을 내가 속한 조직보다 우위에 두었다. 열에 한 명은 진정한 리더라고 인정할 수 있지만, 대부분은 좋은 결과는 자기 덕, 나쁜 결과는 남의 탓이라 일관했다. 그렇지만 이번 기회에 투쟁을 외치고 끝까지 싸운다면 그들이 항상 우세한 집단이라 인정했던 그 무리의 일원이 될 수 있고, 정년이 보장되며, 돈도 더 많이 받을 수 있다고 한다. 그래, 그렇다면 싸워야지. 수천 번을 뛰어올라 깨부수려 했던 내 머리 위에 콱 막힌 천장이 이번에는 뚫릴 수 있을 것 같았다. 하루하루를 누구보다 바쁘게 살았고 열심히 살았으며, 내 꿈을 강하게 열망했던 나에게는 결국 왜 이런 일만 일어나는 것인가…. 울고 또 울었다. 이 타락 끝에서 벗어나는 방법은 결국 투쟁뿐이라 생각했다. 시키는 대로 했다. 그저 시키는 대로 했다. 이렇게 하면 벗어날 수 있고 쟁취할 수 있다고 했다. 이 투쟁이 이기기 위해서는 하나가 되어야 한다고 했고, 하나가 되려면 한 곳에서 함께 먹고 함께 자고 함께 같은 생각을 해야 한다고 했다.

2006년 2월 화려한 조명을 받던 KTX 승무원들은 파업 전선에 나섰다. 사흘간 일정으로 쟁의행위 찬반투표를 했고, 가결되면 예정된 철도노조 총파업에 동참한다고 했다. 선배들은 왕이었다. 왕의 말을 어기거나 의문을 갖고 질문이라도 하면, 그 날로 회사생활은 힘들어졌다. 한 명한테 찍히면 서울지사부터 부산지사까지 400여 명의 선배에게 건방진 후배로 소문나는 건 단 3분이었다. 비밀투표였지만 비밀투표가 아니었다. 꿈의 고속철 개통으로부터 1년 10개월. 13.3대 1의 경쟁률을 뚫고 1기 승무원 350여 명이 뽑힌 지

2년 만이었다. 나는 3기 승무원으로 합격했고, 일을 시작한 지 고작 7~8개월이었다. 철도 노조에서 단체로 하는 총파업에 동료인 우리가 빠지면 당연히 안 되는 일이라 했다. 특히나 이번 철도 파업의 핵심 안건은 KTX 승무원의 정규직화이므로 모두 함께 움직여야 한다고 했다. 며칠이면 된다고 했다.

1기 모 선배 대표가 "철도 승무원 가운데 철도공사에 고용되지 않은 외주 파견직은 KTX 여승무원뿐입니다. 위탁업체 한국철도유통은 1기 교육에서 준공무원 대우, 정년 보장을 언급했지만, 사회초년생들의 꿈은 금방 깨졌습니다."라며 KTX열차승무지부 여승무원들이 철도노조에 가입한 배경을 말했다. KTX 승무원을 지원하기 전 분명 본부장이라는 분이 설명회를 통해 언급한 내용이었다. 현직 승무원인 선배 승무원 3명과 함께했었다. 외항사 승무원 못지않은 영어 실력을 겸비하고 있으며 모든 면에서 항공사 승무원 못지않다고 했다. 철도공사의 존재와 영역, 그 자회사들, 철도 유통이라는 회사 등등 아무것도 예상하지 못했다.

첫 월급은 수당을 포함해서 100만 원이 겨우 넘는 정도였다. 기대에 미치지 못한 월급이었지만 다시 승무원 준비생으로 돌아가기는 싫었다. 시간에 몸을 맡겼다. 파업이 들어가기 전 수차례 사전교육이 진행되면서 모르는 사실들을 알게 되었다. 철도공사가 철도유통에 매월 지급하는 1인당 도급비용은 248만 5천 원이고, 이 중 부가세와 보험료, 일반관리비 등을 떼고 나면 내가 받은 월급이라고 한다. 눈이 돌아갔다. 거의 두 배가 되는 돈이 내 주머니에 들어와야 정상인데, 중간에서 내 돈을 갈취하고 있다니…. 개통 직전에는 목포와 광주에도 베이스가 예정되어 있었다고 한다. 갑작스럽게 그것이 폐지되는 바람에 몇몇 선배들은 타향살이를 해야 했다. 그 돈으로는 집세와 생활비를 내기에도 빠듯한 금액이었다.

파업에 들어가기 전 열차에서 고객을 응대하면서 유니폼에 리본 달기, 팔에 안장 차기, 손님들에게 선전물을 배부하는 등의 방법으로 처우 개선을 요구했다. 이에 대해 한국철도유통 관계자는 KTX 여승무원은 계약직 근로 계약에 의한 적법한 업무 위탁이라며 여승무원들의 과도한 요구를 받아들일 수 없어서 새 위탁업체를 찾을 때까지만 위탁 업무를 맡기로 했다고 밝혔다. 하늘이 무너지는 이야기였다. 선배들이 하는 이야기는 옳다 생각했고, 노조가 시키는 대로 할 수밖에 없었지만 검고 칙칙한 주머니가 여러 개 달린 투쟁 조끼를 입는 일은 정말 싫었다. 한 동기는 본인 허락도 없이 특실서비스를 하는 모습이 찍혔고, 그 사진은 수천 장의 선전물에 쓰였다. 동의받지 않은 사진은 여러 사람의 발에 밟혀 버려지거나 찢겼다. 그런데도 나는, 우리는 거부할 수 없는 위치였다.

한국철도공사와 한국철도유통이 파업 중인 KTX 승무원 전원에게 우편으로 정리해고 통보를 보냈다. 내가 없는 사이 우리 집에 배달된 정리해고 통지서는 한국철도유통 KTX 승무본부장 명의로 되어 있었으며, '귀하를 2006년 5월 15일부로 정리해고하기로 하여 통보한다.'라고 되어 있었다.

파업 전 어느 날 본부장이 나를 사무실로 따로 불렀다. 파업이 터질 줄도 모르고 나를 따로 불러 나를 키워주겠다고 약속한 그분이었다. 그분의 사무실을 나오며, 엘리베이터를 나오며, 건물을 나서며, 건널목을 건너며 내내 심장이 콩닥거렸다. 그 후 며칠 지나지 않아 파업이었다. 하루면 된다, 일주일이면 된다, 보름이면 된다 했다. 철도공사의 정규직이 되면 좋고, 아무 일도 없었던 듯 철도 유통으로 돌아가도 난 아쉬울 것이 없었다. 그러나 정리해고 통보가 왔고 나는 오갈 데가 없었다.

"KTX 승무원은 철도 공사가 직접 고용해야 한다."는 국가인권위원회의 권고가 있었다. 법적 효력은 없지만, 이 권고는 상당한 효력이 있었다. 여성 항공 승무원의 유니폼이 치마만 있는 것은 성차별의 일종이라는 권고 후에 바지 유니폼이 생기기도 한 것을 보고 나는 기대했다. 뛸 뜻이 기뻤다. 이제 정말 얼마 남지 않았다고 생각했다. 그런데도 한국철도공사는 해고를 통보했다. 교섭 현장에 책임자는 나타나지 않았고, 자회사 채용 태도를 고수했다. KTX관광레저라는 회사가 새로운 자회사로 나섰다. 철도와 관련된 여행업을 하는 직원이 50명도 채 되지 않는 이름 없는 회사였다.

나는 지금 어디에 있는가? 차가운 시멘트 바닥에 앉아있다. 누가 나를 알아볼세라 긴 챙 모자를 푹 눌러쓰고, 마스크로 얼굴의 절반은 가리고 있다. 며칠 동안 감지 못한 기름진 머리를 감을라치면 얼음처럼 차가운 물밖에 나오지 않아 양손 끝이 빨갛게 굳어가서 금방이라도 깨질 듯했다. 어느 날은 다 감은 머리카락마저도 굳어버렸다. 몇 주 만에 샤워라도 한번 하고 싶은 날에는 허락을 받고 외출증을 끊어 감시하에 다녀와야 했다. '이제는 못 이긴 척 다들 예전의 자리로 돌아가면 안 될까? 강하게 밀어붙였으니 한발 물러서도 되지 않을까?' 내 마음이 요동치는 사이 철도노조는 정리해고 통보로 KTX 승무원들은 오갈 데가 없게 되었다라며 "철도공사 경영진의 비인간적인 생존권 박탈에 맞서 끝까지 저항하고 투쟁하는 길 외에 다른 선택의 길을 남겨두지 않았다."라는 말로 투쟁을 결의했다.

비정규직 철폐이든 KTX 승무원 정규직화이든 뭐든 두 번째 문제였다. 내가 가장 두려운 것은 선배들의 질타였다. 나보다 어린이거나 같은 나이임에도 불구하고 몇 달 먼저 일을 시작했다는 이유로 으스대며 지극히 자기중심적으로 일을 처리하는 그녀들이었다. 선배라는 이름으로 후배를 짓누르려는 그녀들이 이 집단행동에 함께하지 않는 나를 어떻게 대할지 상상만으로 치가 떨리고 무서웠다.

파업은 장기전으로 지속됐다. 어느 날 서울 외곽 어느 도시인 줄도 모르는 장소안 넓은 공간에 모여 앉았다. 경찰이 곧 도착했다. 닭장차가 밖에서 대기하고 있다. 지금부터 우리를 한 명 한 명 끌어내어 경찰서로 이송할 것이다. 끌려가기 위해서는 우리가 팔에 팔을 걸고 드러누워 거대 망이 되어야 한단다. 그저 시키는 대로 거대 망의 한 땀이 되어 두려움에 젖어 투쟁가를 불러댔다. 다행히 그날 우리의 그물망은 해체되지 않았다. 하루면 집에 갈 줄 알았다. 내일이면 다시 기차를 탈 것으로 생각했다. 거들먹거리며 파업에 대한 수많은 경험담을 늘어놓았던 팀장이라는 사람들은 그저 형식이라며 우리를 안심시켰다.

좌절 속에서 생성된 삶의 추진력

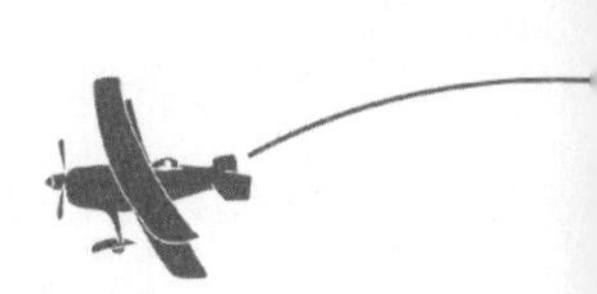

모 항공사 승무원 체험 교실에서 단아한 유니폼을 입고 교육을 진행해 주시던 교관이 떠올랐다. 나도 꼭 승무원으로 입사해서 그 교관처럼 후배를 양성하는 일을 하고 싶었다. 나이 제한으로 기회가 줄어든 국내 항공사는 제쳐주고 외국 항공사를 목표로 했다. 입사를 준비하는 동안 쌓였던 몇 권의 면접 예상문제와 답변 집을 활용하여, 나처럼 꿈을 위해 준비하는 사람들에게 면접 성공 비결을 알려주고 싶었다. 그리고는 대학에서 후배를 양성하는 교수가 되고 싶었다. 그러나 이 모든 것은 내가 첫 번째 꿈을 이룬 후에 비로소 달성될 수 있는 일이었다. 처음이 무너지니 줄줄이 무너지고, 인생은 자꾸 내가 원하지 않는 방향으로만 흘러갔다.

업무 현장으로 돌아가는 것 역시 내키지는 않았지만 몇 달째 수입이 없었던 나는 복직을 선택할 수밖에 없었다. 업무에 복귀하며 나는 철도 자회사이기는 하나 새 회사에서 신입사원으로서 신입 입문 교육을 받았다. 어떠한 비전도 미래로 잃어버린 나는 또다시 한 줄기 빛을 보았다. 다양한 교육 과정을 접하고 그 과정을 끌고 나가는 강사라는 직업을 가진 이들을 보았으며 세상에 모르던 또 다른 직업을 알게 되었다. 잘 차려입고 우아하게 전문지식을 내뿜는 그들은 나의 새로운 표적이 되었다. 새로운 열망과 열정에 나의 가슴은 뜨거워졌다. 날마다 다른 업무시간을 쪼개어가며 3개월 100시간 이상의 과정을 수료하고 나는 드디어 강사의 자격을 얻게 되었다.

숙박 열차 근무를 하고 아침에 퇴근하는 날에는 아침 시간에 진행하는 외부 교육의 진행 도우미를 자처하며 하루하루 나의 꿈을 키워나갔다. 몸과 마음이 또다시 바빠지고 미래에 대한 희망이 생겼다. 틈틈이 들어오는 부수입 역시 큰돈은 아니었지만 기쁨을 주었다. 항상 모든 일에는 일장일단이 있는 듯하다. 대회 활동에 전념하다 보니 회사 내부에서는 내가 곧 그만둘 것이라는 소문이 돌았다. 마침 회사 내부에서 사내 강사를 뽑는 기회가 있었지만, 그 기회는 나에게 오지 않았다.

결혼을 핑계로 드디어 KTX와 이별할 수 있었다. 회사를 그만두고 더욱 적극적으로 강사로서 일 할 기회를 찾아 나섰다. 강사 자격을 취득하고 2년 만에 드디어 호텔의 교육 담당자로 채용되었다. 채용 소식을 듣고, 이제야 비로소 온전한 삶을 살 수 있는 것인가 하는 기대감에 심장은 쿵쾅거렸다. 정말 어렵게 잡은 이 자리에서 꼭 인정받고 싶었다.

두 번째 회사생활도 순탄하지만은 않았다. 위기에 빠질 때마다 나에게 물었다. 네가 느끼는 이 감정은 무엇이니? 네가 진짜로 원하는 건 도대체 뭐니? 네가 원하는 바를 이루기 위해 했던 노력은 정말 최대의 최선의 노력이었니? 이 감정은 정체되어 있는 나에게 모두가 맞춰줬으면 하는, 간곡히 하향 평준화를 외치는 이기적인 몸부림이었다. 내가 진짜로 원하는 건 비록 그 당시 이룰 수 없었으나 분명 어려운 순간에도 깨달음은 있었다. 부처님이든 예수님이든 알라이든 신은 분명 나에게 그 상황에 부닥쳐야 하는 이유가 있기에 나를 그곳에 던져놓는다. 다른 누군가가 아닌 바로 내가 배워야 하는 인생의 진리가 있는 것이다.

다른 사람이 아닌 나에게 집중하는 삶을 살자. 제발 오로지 나의 선한 욕망과 건설적인 발전에만 집중하자. 끊임없이 나에게 묻고 답을 구하니 조금씩 마음이 가벼워지고 세상을 보는 눈이 달라졌다. 세상에 나보다 잘난 사람은 넘치고 넘쳤다. 다행히 나보다 더 기회를 못 잡은 사람, 잡은 기회도 뺏기는 사람이 많은 듯하다. 그저 이 정도로 살아가는 것에 감사하고 또 감사하자. 하루에도 몇 번씩은 나 자신에게 묻고 답한다. 지금 느끼는 이 감정은 무엇인지, 이 감정을 느끼는 이유는 무엇인지. 이 감정이 부정적이라면 해소할 만한 방안은 무엇인지. 끊임없이 답을 구하니 어느 순간 한층 성숙한 내가 되어 있었다. 세상은 잔인하다. 비정하고 팍팍하다. 그 진리는 변하지 않는다. 자신감을 잃은 나에게, 열정을 잃은 나에게 힘이 되고 살아갈 이유를 주는 것은 끊임없이 내일을 꿈꾸며 계획하고 희망한다는 것이다.

나에게만
멈춰 있는 시간

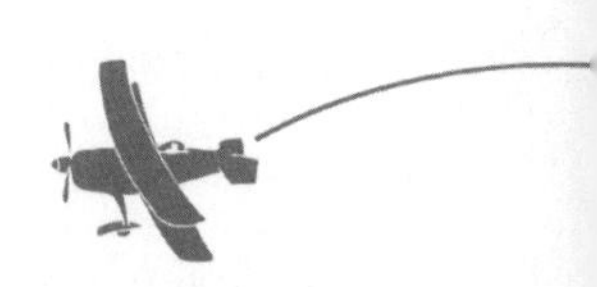

복직한 후에도 끊임없이 출구를 찾았고 나의 출구는 결국 결혼과 퇴사였다. 남편이 있는 창원에 갔다. 새벽 여섯 시면 일어나 아침상을 준비했다. 남편을 보내고 늘어지게 한숨 자고 일어나면 오후 한 시다. 늦은 점심을 먹고 소파에 드러누워 TV를 켠다. 채널을 돌리다 보면 어느새 밤이 된다. 함께 저녁을 먹고 또 잠이 든다. 연고 하나 없는 객지에 이 사람만 믿고 왔다. 처음 느껴보는 자유의 시간이었다. 아무 속박 없이 먹고 자고를 반복했다. 점점 무료해졌다. 눈치도 보였다. 남편 혼자 벌어서는 대출을 감당하기에는 벅차 뭐라도 보태고 싶었다. 몇 가지 일에 도전하다 창원에서는 구미에 맞는 일을 찾지 못했다. 마침 고향에서 5성급 호텔이 연다는 소식을 들었다. 내가 할 수 있는 일이 있지 않을까 막연한 생각에 지원했고, 다행히 관심 있었던 교육 담당자로 채용되었다. 항공사나 KTX 내에서의 교관은 아니지만, 그동안 염원하고 준비해 왔던 직업을 쟁취했음에 비로소 세상을 다 얻은 기분이었다. 그러나 행복은 내 편이 아니었다. 파견 나왔던 외국인 매니저는 부하직원과 사랑에 빠져 내 자리에 그녀를 앉히려 했다. 몇 달 후, 그는 자기 나라로 돌아가고 그녀도 직장을 그만두었다. 앓던 이가 빠지면 내 세상이 올 줄 알았으나 내 기대와는 달랐다. 인사과장은 나보다 내 부하직원을 신임했다. 그 작은 집단에서 이리 치이고 저리 치이며 상처받았다. 이곳에서는 더 배울 것이 없다고 판단했다. 아침부터 자정까지 주말도 없이 일해도 인정받지 못한 기분이었다. 내려놓고 싶었다. 편해지고 싶었다. 그토록 열망하던 일이었으나 이 길이 내 길이 맞는지 방황했다.

다시 남편이 있는 지역으로 돌아갔다. 아이라도 가져볼까 노력했지만 잘 안 되었다. 놀기는 싫고 돈은 벌고 싶었다. 아무 노력도 하지 않아도 되는 세상에서 제일 쉬운 일은 뭘까 생각했다. 여기저기 지원서를 보내며 찔러보던 차에 모 자동차 회사의 의전직 채용공고를 보았다. 12년 이하 경력직 공채였다. 내가 일한 경력이 인정된다면 급여도 나쁘지 않겠다 싶었다. 식은 죽 먹기라 생각했다. 서울까지 면접을 보러 갔다. 면접을 보고 나오자마자 진행 담당자가 물었다. 내가 지원한 직무는 2년 계약직인데 괜찮겠냐고. 미리 공고하지 않는 것이 괘씸하고 황당했지만, 합격 여부가 나오지 않은 상황에서 '노'를 대답하는 건 시기상조였다.

합격 전화가 왔다. 그동안 받아보지 못한 연봉을 제시하는 순간 심장이 벌렁거렸다. 2년 계약직 따위는 중요하지 않았다. 신입사원 교육을 받기 위해 몇 백억 원을 들여 새로 지었다는 인재개발원에 갔다. 그곳에 서 있다는 것 자체만으로 내 존재의 가치가 수직으로 상승했다. 살면서 처음 들어본 대학 졸업생들이 동기가 되었다. 많이 들어본 대학마저도 서울의 일류대였다. 나만 지방 3류대 졸업생이었지만, 그 무리에 섞여 있다는 것만으로 왠지 모를 뿌듯함이 느껴졌다. 쉬는 시간에는 호텔 로비 같은 복도에 진한 원두커피와 고급 쿠키들이 뷔페처럼 준비되었다.

신입 입문 교육을 받는 2주 동안 나는 이제야 세상을 다 가진 것 같았지만 현실은 달랐다. 그 기고만장과 쾌감은 잠깐이었다. 20대에 그렇게 비정규직 철폐를 외치며 투쟁했으나 나는 또 비정규직 노동자였다. 이번엔 어떤 직급 이동도 불가능한 별정직 직원이었다. 7년의 경력이 있음에도 불구하고 사원의 직급을 주었을 때 의심하지 않았다. 그저 큰 회사는 그런가 보다 했다. 뒷날 겪게 될 마음의 고통은 미처 상상하지 못했다. 주 업무는 회사를 방문하는 방문객에게 회사에 대한 홍보 브리핑을 한 후 자동차의 공정을 보여주며 내부 견학을 안내하는 일이었다.

내가 살면서 할 수 있는 가장 쉬운 일을 하며 호텔에서 2년 일한 만큼의 연봉을 1년에 받을 만큼 금전적으로 매우 만족스러운 일이었다. 사람들 앞에서 프레젠테이션하고 안내하는 일은 누구보다 자신 있었던 터라 다른 부서의 간부들도 매우 흡족해하셨다. 그걸로 충분한 보상이 될 것이라 착각했지만 나는 그저 계약직 여사원일 뿐이었다. 경험도 나보다 부족한 직원이 대리라고 온갖 유세를 떨었다. 이제 갓 대학을 졸업하고 공개 채용된 신입사원들은 더 많은 연봉을 받고 하나하나 승진해갔다. 전국의 1만 명의 그룹 직원이 다 받아야 하는 비전 교육에서도 제외되었다. 임신과 출산으로 100일의 휴가를 받았을 때는 그야말로 소모품 취급을 받았다. 2년 계약직으로 일한다는 것, 별정직으로 일한다는 것은 많은 기회에서 제외되었고 그것에 대한 상실감은 말로 표현할 수 없었다.

계약 기간이 끝났다. 입사 첫날 내가 어떤 중대한 잘못만 저지르지 않으면 바로 정규직이 될 것이라 장담했던 부서장은 모른 척 입을 싹 닫았다. 모두가 자기 일이 아니라 관심 없었다. 몇 년을 더 한다 해도 더 견딜 수 없는 사람들과 상황이었다. 돈 앞에 비굴했다. 아이가 생기니 더 간절해졌다. 이곳에서 더욱 비전 있는 일을 할 수 없어도, 직급이 올라가지 않아도 괜찮을 것 같았다. 소모품이라도 좋으니 몇 년만 나를 더 써주면 안 되나 인정에 호소했다. 이렇게 허무하게 잘릴 거였으면 애초에 시작하지 말 걸 그랬다.

길을 잃었다 생각될 때마다 나에게 모질게 굴었다. 모든 것을 내가 그 꿈을 이루지 못한 탓으로 돌렸다. 내가 그토록 염원했던 일인데…. 나는 아무리 해도 이룰 수 없었던 꿈을 나보다 잘난 것 없는 그들은 왜 그렇게 쉽게 이루는 걸까? 나는 왜 더 잘나지 못했을까? 내가 가고 싶었던 길을 너무 쉽게 걷는 그들에게 나는 묻고 싶었다. 당신들은 무슨 팔자를 그렇게 잘 타고났냐고. 미친 듯이 배가 아프고, 미친 듯이 부럽고, 미친 듯이 서러웠다.

그들을 향한 모멸과 멸시는 결국 나를 향했다. 별별 생각이 다 들었으나 이제는 혼자가 아니다. 도망가고 싶어도 도망가지 못하는 상황 또한 깊은 동굴과 같았다. 그냥 지나는 대로 하루를 살았다. 시간에 나를 맡겨 흐르는 대로 흘러가는 대로.

그러나 내 삶은 늘 멈춰 있었다. 앞으로 나아가지도 못하고 위로 올라가지도 못했다. 무엇을 위해 살아왔는지 무엇을 위해 살아가야 하는지 길을 잃었다.

보이지 않는
가치의 발견

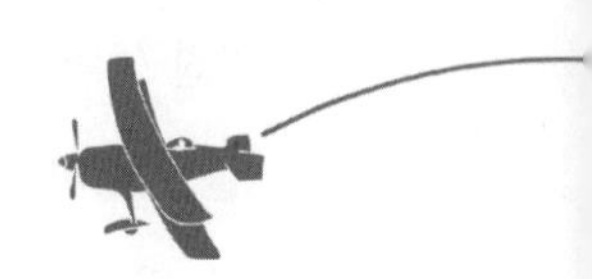

다시 일어섰다. 상공회의소 인력개발원에서 전임으로 강의할 기회를 얻었다. 취업준비생을 대상으로 직업기초능력과 인성함양과 진로설계 과목을 강의했다. 몇 달 동안 하루에 2~3시간 밖에 못 잤다. 아침 일곱 시 반이면 이제 막 걸음마 하는 돌쟁이 둘째를 떼어 놓고 나왔다. 마음이 아프고 미안했지만 즐거웠다. 이것이 나에게 천직이고 하늘이 나에게 주신 재능이라 생각했다.

여전히 우리는 주말부부를 했다. 아이가 없었을 때는 내가 남편이 있는 곳을 주말마다 갔다. 조금이라도 오래 함께 있으려고 항상 막차를 타고 갔었다. 아이가 생기고는 줄곧 남편이 우리가 있는 곳으로 왔다. 남편은 달랐다. 다음날 출근준비를 해야 한다며 매주 일요일 12시가 되면 출발했다. 서운한 마음이 컸지만 표현하지는 않았다. 다행히 큰 아이가 커갈수록 출발 시각이 조금씩 늦춰졌다. 큰 아이가 낮잠을 자고 일어나 아빠가 인사도 없이 가버린 날이면 그야말로 대성통곡하였다. 헤어지는 인사를 하면서도 말도 겨우 하는 아이가 "아빠랑 많이 못 놀았는데…. 아빠랑 많이 못 놀았는데…."를 내뱉으며 울먹였다. 바짓가랑이를 부여잡고 가지 말라는 아이를 억지로 떼어내며 처음 남편의 눈이 붉어짐을 느꼈다. 그 모습을 들키기 싫어 매정하게 문을 닫아버리고 가버렸다. 그를 보며, 또 이 아이를 보며 생각했다. 지금 나에게 그리고 우리에게 가장 중요한 가치는 무엇인가? 가치의 정의는 무엇인가?

문제아라 치부되는 집단의 아이들을 보며 문제의 시작점이 도대체 어디인가 묻고 또 물었다. 단순히 집안이 어려워서는 아니었다. 돈이 많은 집 자식들도 있었다. 편부모 집안인 탓도 아닌 듯했다. 옳고 그름에 대한 정확한 방향을 그것이 수용 가능한 시기에 충분히 양육자로부터 받지 못했다는 것이 내 고뇌의 결론이다. 곧 부모로부터의 사랑과 관심과 더불어 정확한 가르침이 필요한데 그 타이밍은·바로 영유아기라는 것이다.

정신이 번쩍 들었다. 그렇다면 나는 무엇을 하고 있는가. 우리 아이들은 어떻게 지내고 있는가? 나는 왜 내 사랑하는 자식들을 내팽개치고 어디에 서 있는가?

이렇게 살아봤자 내가 누릴 부귀와 영화는 없다 결단했다. 결혼하고 잠깐 지냈지만, 그 기억이 따뜻하지는 않았던 땅에 다시 가려니 두려웠다. 어떤 학연이나 지연도 없는 고장에서 이 아이들을 혼자 키워낼 수 있을까 어깨가 무거웠다. 그러나 나에게는 삶의 과제가 생겼다. 내 삶에 위안을 주고자 세상에 탄생시킨 이 아이들이 결국은 내 욕심이었구나! 반성했다. 잠시 내려놓고 책임을 다 해야겠다 다짐했다. 그것이 내가 부린 욕심에 대한 대가이고 살아야 할 이유라 정의했다. 태어날 때부터 주말에만 아빠를 만나게 한 것이 아이들에게 미안해서 긴 주말부부 생활을 끝내고 아이들과 가족에게만 집중하려 남편이 근무하는 지역으로 살림살이를 옮겼다. 오로지 가족을 위해 살고자 희생하고 봉사는 마음이었다.

어느 날 TV 타령만 해대는 큰아이가 걱정되어 말했다.

"너 그렇게 TV만 봐서 뭐가 되려고 그러니? 아이는 엉엉 울며 대답했다.

"엉…. 나 아무것도 안 될 거야…. 엄마처럼 집에만 있을 거야…."

그야말로 충격이었다. 망치가 내 뇌간을 빵 하고 내려치는 순간이었다. 일순간 정적이 흘렀고 나는 아이에게 괴성을 지르면 폭발했다.

"내가 누구 때문에 여기에 왔는데! 너 내가 아무것도 안 하는 사람으로 보여? 내가 얼마다 대단한 사람인데 너희들 때문에 다 정리하고 희생하고 봉사했더니 뭐라고…?"

그야말로 괴성이었고 나의 소리는 배꼽 아래부터 올라와 폭풍처럼 아이에게 쏟아졌다.

진정하고 생각해보니 아이는 그저 엄마처럼 집에만 있겠다는 것이지 다른 뜻은 없었다. 나는 그 한마디가 나를 무시하고 하찮은 존재로 여겨진다고 확신해 버렸다. 아이는 엄마가 집에 있는 것이 좋다는 의미였을 수도 있는데, 나는 그 한마디를 듣고 폭발해 버렸다. 너무 숨죽이고 살지 말자. 결혼이라는 시스템 안에는 아이들도 있고 남편도 있지만 나도 있다.

어찌하여 아이는 이토록 이기적일까 생각도 했지만, 그 이기심은 나에게서 시작되었구나! 반성했다. 결혼하고 적적하니 아이가 하나 있으면 나쁘지 않겠구나 싶었다. 누구나 하나쯤은 있으니 나도 하나 낳으면 괜찮은 경험이겠구나! 쉽게 생각했다. 내 욕심을 채우기 위해 탄생시킨 소중한 생명을 위해서는 당연히 책임과 헌신이 따라야 한다.

나에게 가장 중요한 가치는 무엇이었을까? 돈을 많이 버는 것이었을까? 돈을 벌 수 있는 수단은 갖가지다. 해외여행 인솔자나 마케팅이나 영업 관련 업무를 하는 사람도 해외 출장을 많이 간다. 유니폼과 겉으로 그럴싸해 보이는 것에만 집착했었다. 몇 년 전 호텔에서 한 여성단체의 행사를 주관했는데 그 자리에서 나는 깜짝 놀라고 말았다. 전국에서 모인 수백 명의 여성단체 회원이 자신들만의 유니폼을 입고 있었다. 어떤 유니폼은 모 항공사와 흡사하기까지 했다. 40~50대의 연령대가 키가 크건 작건, 몸매가 날씬하든 뚱뚱하든 각자 개성 있는 유니폼을 입고 행사를 진행하는 모습이 유난히 당당해 보였다. 유니폼을 입고 일하는 일은 참 많다. 그런데 나는 왜 승무원 유니폼에 그렇게 목을 매며 집착했을까. 물 한잔을 마시러 부엌으로 향한다.

chapter 3

새로운 시작

꿈을 향한 집착

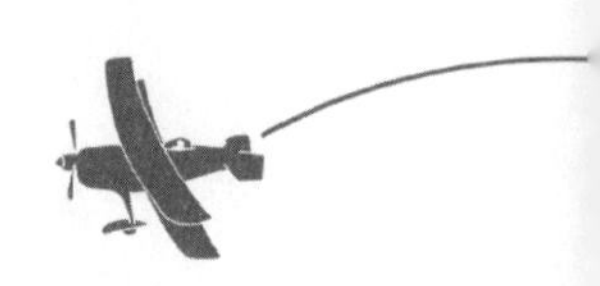

그대는 너무 힘든 일이 많았죠.

새로움을 잊어버렸죠.

그대 슬픈 얘기들 모두 그대여.

그대 탓으로 훌훌 털어버리고.

지나간 것은, 지나간 대로 그런 의미가 있죠.

우리 다 함께 노래합시다.

후회 없이 꿈을 꿨다 말해요.

한참 푹 빠져 보던 경연 프로그램에서 한 경연자가 부르던 노래가 계속 귓가에 맴돌고 가슴에 남는다. 지나간 것은 지나간 대로 그런 의미가 있다. 지독히 꿈꾸었던 항공사 승무원을 못 해봤다는 패배의식은 오래도록 나의 자격지심으로 남았고, 비정규직 철폐를 외치며 투쟁했지만 결국 나는 비정규직 노동자였다.

지나고 보니 그때에는 최대의 최선이라 판단했지만 조금 더 바쁘게 움직이고 긍정적으로 살아야 했는데…. 하는 아쉬움이 남는다. 나는 도대체 무엇이 그토록 두려웠던 걸까? 결혼이라는 새 동아줄을 잡았다고 생각하고 과감히 일을 그만둔 후에도 나의 파업 경험과 근황은 꼬리표처럼 따라다녔다. 면접을 보러 가면 면접관은 대부분 나에게 근황을 묻곤 했다. 내 찬란한 20대를 바쳤던 이 업무 경험은 숨기고 싶은 과거였지만 잊을 만하면 터져 나오는 남은 투쟁자들에 대한 뉴스에 상처는 아물 생각이 없어 보였다.

꿈이라는 것은 내 심장을 뛰게 하는 것이 분명하지만, 내가 꾸었던 꿈은 나에게 맞지 않은 꿈이었다. 그 꿈을 이루기 위해 하루하루 달려왔고 그 순간순간 이루어지는 작은 결실에 감사와 행복감을 느꼈지만, 애초에 나에게 맞는 꿈을 꾸었다면 내 인생을 덜 낭비하지 않았을까 하는 생각이 든다. 지나고 보니 내가 그토록 비행기 승무원을 꿈꾸었던 이유는 내 현실에서의 도피의 수단으로 생각했던 것 같다. 외국 항공사에 취업하면 멋진 집도 준단다. 더 이상은 벌레가 출몰하는 반지하 전세방에 살지 않아도 될 것 같다. 돈도 많이 준다고 한다. 예쁘기만 하면 될 것 같다.

겉치레에 치중해 수년을 보냈다. 내가 사는 현실이 싫어 도망가는 탈출구는 오직 이 꿈의 실현이라 생각했다. 첫 번째가 이루어지지 않으니 두 번째를 꿈꿀 수 없었다. 첫 번째 꿈을 준비하며 취업

준비와 면접에 대한 비결이 쌓이고 면접 준비 노트만 몇 권이 되었다. 나와 같은 꿈을 꾸었던 인생의 후배들에게 나의 비결을 전수하며 무엇이든 노력하면 이루어진다고 얘기하고 싶었다. 취업 특강 강의를 해도 강사 프로필에서 내가 못 이룬 경력을 가진 그들과 나는 경쟁에서 이미 먼저 의식으로 지고 있었다. 아무리 노력해도 이룰 수 없는 일이 있다는 걸 알았고, 나도 못 해낸 일을 감히 누구에게 하며 누가 내 이야기를 들어주고 인정해줄까 생각했다. 나의 잠재의식은 끊임없이 내 발목을 잡았다. 나는 인생의 루저였다. 어느 가수의 히트곡은 곧 내 인생의 주제가라 여겼다.

> 패자 외톨이 센 척하는 겁쟁이….
>
> 언제부턴가 난 하늘보다 땅을 더 바라보게 돼.
>
> 숨쉬기조차 힘겨워. 손을 뻗지만, 그 누구도 날 잡아주질 않네.
>
> just a loser. 외톨이 상처뿐인 머저리'

하나하나의 음절이 내 인생을 말하는 것 같았다. 오랜 시간 목표하고 준비한 '교육 강사'라는 직업을 가지면서도 순간순간 이 패배의식은 튀어나왔다. 그리고 나는 이번엔 혹시 되지 않을까? 하는 마음으로 수시로 항공사 공채를 조회하며 지원해 보고 낙방하면 또 작아졌다. 이 일을 이루지 못하면 나는 더 다음으로 나아갈 수 없을 것 같았다. 나 자신은 항상 부족하고 또 부족한 존재였다. 지나온 과거는 돌이킬 수 없다.

꿈을 이루지 못했던 그 순간에도 나는 무엇인가 하고 있었고 조금씩 분명 성장했으므로 이런 부분에서만큼은 나의 마음을 토닥여 주자. 인정할 건 인정하고 이제는 좀 벗어나 보자. 가만히 과거의 기억을 떠올리니 이어지는 무엇이 있다. 내가 가장 좋아하는 것은 나의 목소리를 내는 일이다. 오지랖이 넓어 옆에 누군가의 고민을 함께 해결하고 올바른 방향으로 이끌어 가고자 한다. 사람들 앞에서 집중받는 일이다. 내가 가장 잘 하는 것은 누군가의 마음을 동요시켜 긍정적인 행동이 일어나도록 지원하고 지지하는 일이다. 쓰러져도 쓰러져도 오뚝이처럼 일어서는 것이다. 어떤 고난과 역경 중에서도 지독히도 긍정적으로 생각한다. 땅을 치며 후회하는 행동 뒤에는 항상 배울 점을 찾는다. 내가 가장 가치 있다고 생각되는 것은 하나의 인격체로서 존중받는 것이다. 그들에게 나의 존재가 하나의 가치로 인정되는 것이다.

끝없는 노력, 또 노력

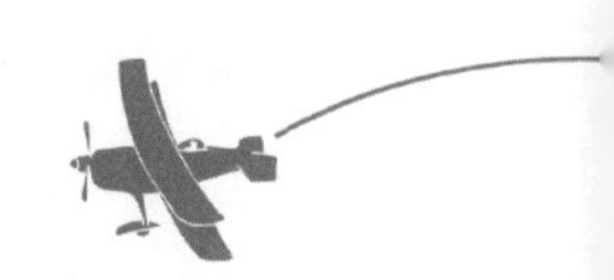

날마다 일기를 쓰듯 인터뷰 질문을 정해놓고 답을 써 내려갔다. 외국 항공사 면접 시 예상되는 질문 몇백 개를 정리했다. 별도로 노트를 만들어 그에 따른 답을 적었다. 주로 얼마나 열정적으로 본인의 업무를 원활하게 수행해 내었는지에 관한 질문이었다. 본인의 업무 중 임무를 열거하고 얼마나 일을 잘 해 내었는지 표현해야 한다. 팀원으로서 일하면서 동료, 상사, 보스와의 관계는 각각 어땠는지 묻는 말도 있었다. 고객, 동료, 친구, 가족 또는 모르는 사람을 도와준 적은 있었는지, 그리고 결과는 어땠는지도 묻는다. 실제 면접의 기회가 왔을 때 어떤 질문은 받게 될지 모르기 그 때문에 촘촘한 그물망처럼 빠져나갈 구멍을 사전에 메워놓는 작업이었다. 겪어보지 못한 상황에 대한 답변을 준비할 때에는 일부러 상황을 만들어 보기도 했다. 평소에는 무심코 지나쳤던 사소한 행동 하나하나가 기록되었다.

새벽 열차일 때는 저녁에, 저녁 열차일 때는 오전 비는 시간에 영어학원을 다녔다. 적어도 일주일에 한 번씩은 공부 모임 멤버들과 모여 모의 면접을 진행했다. 각자 면접관과 면접자가 되어 영상을 찍어보고 잘한 점과 부족한 점을 분석해 보았다. 아르바이트하며 준비했을 때보다 확실히 답변의 내용이 진정성 있고 구체적이었다.

버스를 타면서도, 지하철을 타면서도 끊임없이 나에게 묻고 답했다. 매 순간 배울 점이 무엇이었는지 더욱 발전시켜 나갈 부분은 무엇인지 생각하고 또 생각했다. 영어는 보통 수준 이상은 되었지만 부족함이 많았다. 매일 영어신문을 읽고 단어를 정리하고 담화 연습을 해 봐도 원어민이 아니었다. 진열장에 내걸린 간판을 볼 때도 무심코 지나치지 않았다. 영어로 쓰인 문구는 무슨 뜻인지 찾아보고, 한국어로 쓰인 문구는 영어로 바꿔보았다.

KTX로 복귀하고서도 끊임없이 새로운 길을 모색했다. 시간을 쪼개어 서비스 강사 학원에 등록했다. 더 나은 길이 무엇일까. 더 나은 내가 되는 길은 무엇일까. 번 돈은 다 교육비와 학원비로 소진했다. 괜찮다는 강의는 시간을 쪼개고 쪼개어 듣고 다녔다. 새벽이나 아침 일찍 일이 끝나면 오전에 열리는 교육 과정의 운영지원을 나갔다. 꼬일 대로 꼬여버린 인생을 죽지 못해 살기 위해서 끊임없이 나를 채찍질했다.

하루 3시간, 일주일에 3번 과정을 4개월간 수강했다. 날마다 같은 시간에 출근하고 퇴근하는 일이 아니었기에 시간을 맞추기가 힘들었다. 동료와 근무 일정을 조정하면서 운영팀과 마찰도 많았다. 시간을 쪼개고 쪼개어 팍팍한 하루하루를 보냈지만 새로운 세상을 보았다. 꽉 막혔던 내 삶에 새로운 빛이 보였다.

서비스 정신, 국제 매너, 전화 예절, 의사소통 능력, 교수 기법, 이미지 메이킹, 불만 고객의 항의에 대한 대처 능력 등 서비스 강사가 숙지해야 할 기본 내용을 배웠다. 처음 파워포인트라는 프로그램을 다루었다. 만드는 페이지마다 평면적이고 촌스러웠지만 재밌었다. 노트북 위에 손가락을 올려 손 유희를 펼치는 나 자신이 무엇이라도 되어 있는 듯했다. 회사에서 공짜로 받아야만 받을 수 있는 교육인 줄 알았는데 내 돈을 주고 수업을 받으니 한순간이라도 놓치고 싶지 않았다. 고객에게 서비스를 어떻게 해야 하는지 응대 방법을 가르치는 자리에 서니 그동안 내 일터에서 손님에게 핏대를 세웠던 것이 부끄러웠다.

한 달 월급을 털어 DISC 성격유형 분석 전문 강사 과정도 수료했다. 사람은 네 가지 유형으로 분류할 수 있는데 어느 유형이라도 틀린 것이 아니라 다를 뿐이라는 메시지가 있었다. 그동안 간과했던 나에 대해 더 깊이 알게 되었다. 이해되지 않았던 사람들의 행동 유형과 그 이유도 알게 되었다. 내가 미처 보지 못했던 나의 모습도 인지하고 인정하게 되었다. 다름이라는 것은 다를 뿐 틀린 것이 아니라는 교훈은 큰 가르침을 주었다.

모 교육 전문그룹에서 교육 운영전문가 과정을 무료로 오픈했다. 경쟁이 치열했지만 배움의 기회를 얻을 수 있었다. 약 5개월에 걸쳐 매주 토요일 인적자원개발에 대해 알고, 교육 운영에 대한 실습을 해 보는 황금 같은 기회였다. 그 후 각종 대규모 포럼이나 교육 시 투입되어 실제 교육 운영의 시작부터 끝까지를 체계적으로 배울 수 있었다. 이 또한 새로운 세계였다. HRD라는 단어, 인적자원개발이라는 단어, 교육 운영 등등 생소하지만, 막연히 내가 갈구했던 것들이었다.

여러 과정을 수강하기 위해 일정을 바꾸고, 어렵게 마련한 시간을 내적 지식을 채우는 데 활용하니 그 시간 자체가 힐링이고 희망이었다. 어려운 와중에도 만들어낸 작은 실현은 쾌감을 주었다. 심장이 짜릿한 희열감도 주었다. 프로 강사의 이미지 만들기, 스피치, 전통 예절, 병원 코디네이터, 서비스 코치, CS 전문 강사, 교육 운영전문가, 색채진단 전문가, 롤 플레잉 전문가, 불만 고객 응대 전문가, 서비스 코치 전문가 등 한 과정 당 최소 50에서 최대 300만 원까지, 내 월급의 대부분은 배움을 위한 투자로 이어졌다. 더 나은 미래를 상상하며 쉬지 않고 앞만 보고 달려갔다.

좌절과 포기

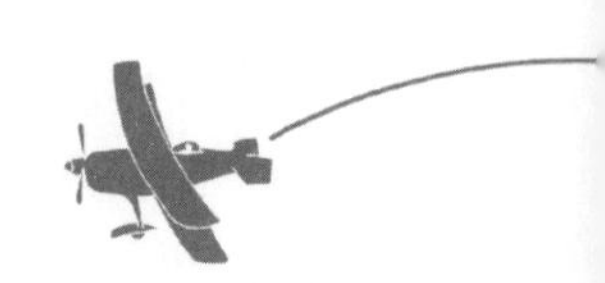

불운의 신은 나만 따라다니는 것 같다. 행운은 나만 비껴간다. 단체 면접을 보면 항상 내 양옆에 앉은 사람이 합격한다. 재앙이다. 보이지 않는 검은 먹구름이 내 머리 위를 둥둥 떠다니는 상상을 했다. 머리 위에 꽉 막힌 천장을 뚫어보려 발버둥을 친다. 통통통 수십 번 수백 번을 뛰어오른다. '언젠가는 깨지겠지'라는 마음으로 반복하지만 깨어지지 않는다. 삶이 비참하고 비정하다. 나에게만 그러는 것 같다.

생각만큼 수능 점수가 나오질 않았다. 남들이 괜찮다 하는 대학에 들어가기에는 턱없이 부족한 점수였다. 1년 더 공부하면 서울대에 갈 수 있을 것 같았다. 재수를 결심했다. 공부에 집중한다는 핑계로 고등학교 친구들과는 연락을 두절했다. 그럴싸한 학교에 합격해서 '짠~'하고 나타나고 싶었다. 두 번째 본 수능은 별반 차이가 없었다. 삼수까지는 자신이 없어 대충 점수에 맞춰갔다. 대학을 졸업하고, 또 취업 재수를 했다. 비행기 승무원이 된다고 서울로 상경했다. 1년 반 시간을 보냈다.

수십 차례 채용 면접을 보았다. 떨어질 이유가 없다고 확신하던 때에도 떨어졌다. 합격해도 안 간다고 으스대던 때에도 탈락의 고배를 마셔야 했다. 마지막 관문의 면접 순간에 정적이 흐르고 그 순간 꿀꺽 삼켰던 침 소리가 아직도 귀에 들린다. 그 장면은 수십 번 머리에 그려졌다. 시간을 거꾸로 돌려 그 장면의 직전으로 돌아가 본다. 대기실에 들어서자마자 화장실은 괜히 간다고 말했나? 화장실을 가도 되는지 물어볼 때 조금 당당하게 말할 걸 그랬나? 너무 수줍게 표현한 게 마이너스로 작용하지는 않았을까? 문을 열고 들어가자마자 조금 더 높은음으로 밝게 인사를 건넬 걸 그랬나? 기억하지 못했던 요소요소가 하나씩 떠올라 가슴을 쳐댄다.

꽃처럼 빛나는 20대를 온통 주눅이 들어 살았다. 생각한 건 뭐든 이루고야 직성이 풀리는 성격이었는데. 세상에 이룰 수 없는 것이 참 많다는 진실을 깨닫고 무너졌다. 엄마 아빠는 사달라면 뭐든 사주셨는데, 아무리 손을 뻗어도 닿지 않는 무엇인가 때문에 화병이 났다. 내 것이 안 된다면 아무도 가지지 못했으면 했다. 우물 안 개구리였다. 치졸한 생각이었다. 세상에는 나보다 잘난 사람이 너무 많았다. 언제부터인지 인생이 꼬였다.

모 기술대학교 연수원에서 리더십과 자기경영이라는 주제의 강의 기회가 주어졌다. 친한 강사의 추천이었다. 일주일에 한 번 1박 2일 10시간 동안 진행했다. 남은 시간에는 아이들 육아에 집중할 수 있었다. 강의 환경이나 시간 등등 모든 면에서 참으로 매력적인 일이었다. 추천해준 친구는 이 일을 3년간 해 왔다. 이변이 없는 한 오래 할 수 있을 것이라 확신했지만 이변은 꼭 나에게만 일어났다. 한 한기 후 이 연수과정은 업체로 넘어갔다. 불행의 신이 이제는 좀 비켜가려나 하면 그렇지 않았다.

한동안의 공백 뒤, 한 인력개발원에서 취업준비생을 대상으로 직업기초능력과 인성함양과 진로설계 전임교수로 채용되었다. 11개월 계약직이었다. 행정업무와 상담업무가 더해졌다. 11개월이면 퇴직금을 받지 못한다. 그래도 괜찮았다. 정규직으로 전환되지 않아도 괜찮다고 생각했다. 그저 나에게 일할 기회만 준다면 무엇이든 감수할 수 있었다. 항상 기대하지 않았던 일들은 생겨난다. 하루에 3시간 자고 강의를 준비해도 시간은 빠듯했다. 전화로 교육 과정을 홍보하고 교육생을 모집하라는 업무도 주어졌다. 정규직 교사의 뒤치다꺼리도 내 담당이었다. 내 인생은 좌절과 좌절의 연속이었다.

그렇게도 그만하고 싶었던 그 일이 가끔은 그리울 때가 있다. 지나친 패배의식과 자격지심으로 나의 찬란하고 아름다웠던 20대를 충분히 즐기지 못한 것 같다. 끝없이 더 나은 내일을 희망했고, 성공하고 싶었고, 행복해지고 싶었지만, 그 기준점과 정의는 누가 내리는 걸까? 불혹의 나이가 되어 과거를 돌아보니 그 모든 것은 결국 내 마음에서 시작되는 것 같다. 나에게는 꿈이 있어서 하루하루 최선을 다해 살아왔지만, 그 꿈이 있어 열정적인 삶을 살 수 있었지만 조금 더 건설적이고 실현 가능한 꿈을 설계했다면 어땠을까? 그리고 조금 더 타인의 시선을 덜어내고 나에게 집중하는 삶을 살았다면 어땠을까? 이제야 나는 억압과 피해의식과 패배의식을 덜어내고 매일 더 나은 삶을 살기 위해 살아간다.

좌절은 좌절이었지만, 내 삶을 끌어올리는 추진력이었다. 결국, 더 나은 삶이란 누구보다 나은 삶이 아닌 어제의 나보다 더 나은 나에게 집중하는 삶이다. 결혼하고 아이를 낳고 기르는 일련의 과정은 매일매일 나를 성숙하게 한다. 문득 도망치거나 시간을 거꾸로 돌리고 싶을 때도 있지만, 끊임없이 흘러가는 순간의 순간을 수정하고 개선하면서 살아야 하는 것이 나의 숙명이라고 겸허히 받아들이니 마음이 한결 편안해졌다. 그것이 결국 인간의 숙명이지 않을까? 비로소 나는 한층 더 성숙하고 싶어지며 단단한 한 사람이 되어있음에 만족해야지.

완벽하지 않은
나를 받아들이자

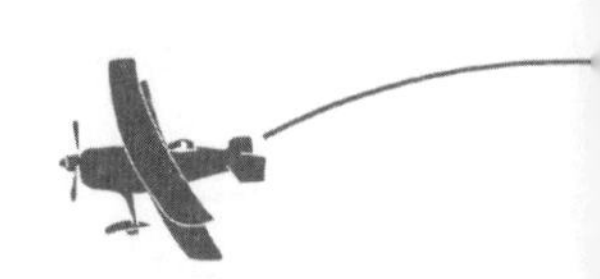

앞만 보고 달려왔다. 더 나은 사람이 되고 싶었다. 가치 있는 존재로 인정받고 싶었다. 최고가 되고 싶었다. 완벽하지 않을 거면 할 필요가 없다고 생각했다. 생각만큼 완벽하지 않은 나 자신이 부끄러웠다. 잠시 멈춰, '왜?'라는 질문을 던져본다. '왜 나는 끊임없이 달려가는가. 왜 나는 더 나은 사람이 되어야 하는가. 왜 꼭 누군가에게 인정받아야 하는가? 왜 꼭 최고가 되어야 하는가? 왜 완벽하지 않으면 의미가 없는가?'

제대로 쉰 적이 없다. 잠을 자도 항상 개운하지 않았다. 늘 뒤처진 인생이라 한탄했다. 항상 겉으로 보이기엔 정갈한 머리 모양과 화장을 했다. 염색해도 절대 기준이 있었다. 신발장에는 무늬 없는 검은색 구두만 몇 켤레다. 불운한 인생이지만, 좌절의 연속이지만 희망이 있었다. 준비되지 않은 상태에서 기회를 만나고 그것을 놓쳐버린다면 또다시 내 인생의 어두운 동굴의 연속이라 생각했다.

고등학교 영어수업 시간이었다. 단어 쪽지 시험을 보는 날이다. 외워도 외워도 머리에 남는 게 없다. 자신이 없다. 하나둘 책상에 낙서한다. 너나 할 것 없이 계략과 계책을 세운다. 안 되겠다. 나도 뭐든 해야겠다. 포스트잇에 깨알같이 단어를 빽빽이 적는다. 어느 위치가 들키지 않을까 고민하고 고민하다 책상 정 중앙에 붙여놓는다. 시험이 시작되었다. 선생님은 쉬지 않고 교실을 돌아다닌다. 천장에 달린 선풍기는 오늘따라 왜 이리 고루고루 바람을 쏘아주는지 모르겠다. 고개를 처박고 각 모퉁이를 들춰가며 커닝할 타이밍에 적어놓은 쪽지를 찾아본다. 갑자기 선생님이 내 옆에 멈추었다. 내 시험지를 들어 올린다. 필사적으로 시험지를 뺏기지 않으려 잡아당겨 본다. 빼앗긴 시험지 아래 숨겨졌던 포스트잇이 모습을 드러낸다. 같이 담을 넘어도 꼭 나만 걸린다. 나는 뭘 해도 들통이 난다.

눈을 뜨니 9시가 다 되었다. 허겁지겁 준비해 출근 도장을 찍었지만 9시를 조금 넘겼다. 다급하게 내려가던 비상계단에서 하필이면 우리 회사 최고의 투덜이를 만났다. 몇 시간 후 같은 사무실 직원이 말을 전했다. 교육 담당자가 어떻게 지각을 할 수 있냐고 험담에 험담을 늘어놓았다는 것이다. 뒤에서 나를 험담했다는 사실에 격분했다. 분명 한 명에서 끝나지 않을 것으로 생각했다. 당장 달려가서 서로의 잘잘못을 따져 물을까 생각도 했다. 하지만 그러지 못했다.

회사를 방문하는 중역들의 유니폼을 보관하고 관리했다. 계절별로 준비된 옷에는 이름표가 박음질되어 있다. 본사에서 사장님이나 회장님이 방문하시는 날은 며칠 전부터 의복 관리에 회의실 정비가 이루어졌다. 옷걸이에 옷이 걸려 있는 순서나 모양이 반듯하지 않으면 탈이 났다. 펜이나 재떨이의 위치도 정확해야 했다. 사전에 메모하고 기록하고 준비했으나 상사의 미간을 찌푸리게 한 날은 잠이 오질 않았다.

완벽하지 못한 나의 행동이 손가락질받은 과거의 기억이 끝없이 떠올랐다. 그 이유가 내 짧은 학력 때문인 것 같았다. 그토록 갈망하던 비행기 승무원이 못 되었기 때문이라 생각했다. 능력이 없어 고작 KTX 승무원밖에 못 했다 생각했다. 할 줄 아는 게 없어 비정규직밖에 못 한다. 어느 것 하나 제대로 해내지 못했다는 자격지심이었다. 모든 게 한스러웠다.

옆만 보며 달렸다. 앞만 보며 달리는 줄 알았는데 내 바로 옆만 보았다. 멀리도 보고 뒤도 봐야 했는데 그러지 못했다. 옆 사람만 이기면 이기는 줄 알았다. 인생은 길고 지금은 한순간이라는 것을 인지하지 못했다. 살면 살수록 모르는 세계가 너무 많다. 나보다 높은 사람도 너무 많고, 나보다 낮은 사람도 너무 많다. 한계선을 정해놓았다. 이 정도 선까지는 바라도 된다 생각했다. 그 한계선조차 도 달성하지 못하는 내가 한심했다.

잘 보이고 싶었다. 약점을 잡히고 싶지 않았다. 잘살고 있다고 과시하고 싶었다. 어떤 문제도 통달한 초인으로 비치고 싶었다. 보상받고 싶었다. 내 삶이 고난과 역경 그 자체였으니 좀 알아봐 주면 안 되나 앙탈도 부렸다. 알아주는 사람은 없었다. 주변인을 너무 의식한 건 아닐까? 남의 시선을 지나치게 두려워했던 건 아니었을까? 웃어넘길 일도 웃어넘기지 않은 건 아니었을까? 멀리 떨어져서 바라보니 보였다. 왜 그토록 아등바등 살았을까. 꼭 완벽할 필요는 없었는데…. 되지도 않는 나를 맞춰 가려 애쓰다 보니 끝없이 부족함을 느꼈다. 마음이 문제였다. 내 마음이 나를 인정하지 않았다. 누구보다 나를 믿는 용기가 필요했다. 완벽하지 않은 나를 인정하고 받아들이니 편해졌다.

세상은 불공평하다는 진실을 인정하고서야 비로소…

비행기 승무원이 되겠다고 상경한 지 4개월이 지났다. 고시생처럼 도시락을 싸들고 다녔다. 한국어와 영어 질문에 답을 달아보고 모의 면접을 진행하며 동영상도 찍어보았다. 스터디그룹 친구들끼리 서로 피드백을 주고받으며 더 나은 내일을 준비했다. 모두가 영차영차 하는 와중에도 늘 조용한 친구가 한 명 있었다. 상대가 면접자가 되어 질문을 받을 때도 혼자 다른 생각에 빠져 있던 아이였다. 늘 웃음으로 무마시키고 "다음엔 잘 할게."라며 다음을 기약했다. 특출나게 영어회화 실력이 좋았던 것도, 외모가 수려했던 것도 아니었다. 그 아이가 가장 먼저 중국 항공사에 합격했다. 그리고는 중국 갑부를 만나 결혼했다는 소식을 들었다.

친구의 동생은 얼떨결에 항공사 승무원이 되었다. 외국에서 공부하다 머리나 식힐 겸 잠시 들어온 한국에서 심심한데 면접이나 한

번 볼까 하는 마음으로 응시했다. 나처럼 몇 백만 원을 승무원 학원에 바르지 않고서도 아주 쉽게 처음 본 시험에 합격했다. 비행을 다녀올 때마다 이게 힘드니 저게 힘드니 불평불만을 늘어놓는다고 한다. 쉬는 날이면 친구 집에 놀러 가 동생의 여행용 가방, 구두, 유니폼을 물끄러미 바라보았다. 하늘이 나에게 이 일을 할 기회를 주신다면 절대 불평불만 하지 않을 텐데…. 오직 충성만을 약속할 텐데 되뇌었다.

합격하고도 경기가 안 좋아 취소되었던 모 항공사에 KTX 후배가 합격했다. 어학연수를 간다고 갑자기 그만두고 1년쯤 뒤였다. 아무 일도 없었던 것처럼 신규 채용공고를 내버린 회사가 미웠다. 자기들만 합격하면 그만이라는 듯 모른 채 지원한 사람들도 미웠다. 당당히 합격해서 SNS에 유니폼을 입은 사진을 올린 그 아이도 왠지 미웠다.

함께 회사생활을 했던 후배 아이는 얼굴을 못 본 지 오래다. 사귀는 남자 집안이 사업을 하는데 자주 얼굴을 못 봐서 결혼할지 말지 고민이라고 했다. 오랜만에 인스타그램에 올라온 사진은 아들 둘이 있는 단란한 가족사진이다. 정기적으로 잘 차려진 식탁 음식이 올라오고 가끔 B 모사의 고급 외제 승용차가 보인다.

예전 직장 동료의 부모님은 사업을 하신다. 부모끼리 왕래하며 연이 닿아 결혼이 성사되었다. 남편은 한의사에 몇 십억 하는 건물을 병원으로 인수했다. 첫 아이를 임신한 기념으로 몇 백만 원 하는 해외여행을 다녀왔다. 첫아들을 낳자 시아버지가 축하한다며 3,000만 원을 보내줬단다. 두 아이를 영어 유치원에 보내며 매달 몇 백만 원을 교육비로 소비한다.

자동차 회사에 근무하면서 후배가 들어왔다. 스물넷에 합격하여 연봉 6천을 받았다. 회사 특성상 여성의 비율이 높지 않아 입사 후 회사에서 꽃이 되었다. 나와 비슷한 지방대 졸업자에 나보다 영어도 못 한다. 그런데 나는 아침마다 컵을 씻었다. 내 컵이 아니라 우리 부서에서 사용할 컵이었다. 우리 부서에 남자 후배가 들어와도 나는 컵을 씻어야 했다.

큰 아이와 같은 유치원에 다니는 친구 엄마는 중동 항공사 승무원을 7년 하고 귀국하자마자 결혼했다고 한다. 항공사 준비생에게 가장 인기가 많은 항공사 중 한 곳이었다. 남편은 전문직 공무원이다. 얼마 전 60평대 아파트에 이사했다. 최고급 내부 실내장식에 최고급 가구로 집안을 꾸몄다. 큰 아이는 영어 유치원을 졸업했고, 올해에는 둘째도 영어 유치원으로 옮긴다고 한다.

아이가 유치원 버스를 놓쳐 부랴부랴 내 차로 데려다주었다. 유치원 입구는 50m정도 차 한 대 지나갈 정도의 길이 있다. 아이와 함께 넓지 않은 길을 달려가는데 차 한 대가 후진하며 밀려들어 온다. 차에 치일라. 구석으로 밀려났다. 무슨 차가 하고많은 곳 두고 남의 유치원 앞에 주차하나 싶었다. 시가 6000~7000만 원 정도 하는 최고급 승용차에서 내린 운전자는 내 아이와 같은 반 아이와 그 엄마였다. 인사를 나누고는 아이를 들여보냈다. 차에 타서 한참을 기다렸다. 경차에 타고 있는 나를 보지 않았으면 하는 마음이었다.

세상은 불공평하다. 그것은 진실이다. 그것을 받아들이지 못해 격분하고 좌절했다. 나의 외침이 그 불변의 진리를 깰 수 있을 것이라 착각했다. 저들은 무슨 복을 타고나 저런 여유와 행복을 누리는지 배가 아팠다. 그럴수록 나는 더욱 초라하고 작아졌다. 꼬여버린 인생을 한탄하고 부모님까지 원망했다. 그때 그래야 했는데…. 되돌릴 수 없는 과거를 회상했다.

한 살 많은 언니가 있다. 너무 일찍 철이 들었다. 집안을 일으켜보겠다는 신념으로 부모님의 만류에도 상업고등학교에 진학했다. 2년제 전문대학 졸업 후 중소기업에 취업했다. 신용카드 고객서비스센터에 일터를 옮기고는 능력을 인정받았다. 살면서 제일 공부를 많이 했던 시절이었다고 한다. 날마다 바뀌는 업무 규정을 숙지해야 했고 다른 의무 사항도 많았다. 불현듯 서울로 직장을 옮기고는 고시원에서 7개월을 살았다. 동생인 나보다 더 열심히 살았고 치열하게 살았으나 어느 지점부터는 내가 받는 월급이 훨씬 많아졌다. 결혼 후 훅훅 불어나는 재산도 차이가 났다. 한 배에서 태어난 자식이지만 언니가 보는 나는 어땠을까? 문득 다른 눈으로 세상을 보게 되었다.

'신은 내가 배워야 할 무엇인가가 있으므로 나를 이 상황에 떨어뜨려 놓는다'라는 생각을 했다. 그것이 무엇인지 알아내는 것이 내 인생의 과제이자 숙제일 것이다. 내 삶에 집중하자. 내가 위를 보듯 누군가는 나를 위로 볼 것이다. 시기와 질투로만 그들을 본다면 누군가도 나를 향해 그럴 수 있다. 다른 이들의 성공과 실패에 왈가왈부하는 것 자체가 내 인생의 낭비이다. 신이 있다면, 그들의 삶을 그렇게 흘러가게 하는 것 또한 이유가 있을 것이다. 세상이 불공평하다는 사실을 인정하고야 비로소 내가 보였다. 내 아이가 보이고, 내 가족이 보였다.

실패는 또 다른 출발점…

태어나 처음 면접이란 걸 봤다. IMF로 몇 년째 채용을 중단했던 국내 대형 항공사가 몇 년 만에 채용공고를 냈다. 온라인 카페에서 후기를 읽어 보고 예상 면접 질문을 뽑았다. 회사 홈페이지도 검색해서 현황이나 주요 이슈 등등을 공부했다. 유니폼을 입고 있는 사진을 검색하니 빨간 립스틱을 많이 바르는 듯했다. 면접 당일, 단발머리를 잔뜩 부풀린 후 새빨간 립스틱을 발랐다. 대기실에서도 시종일관 치아가 보이는 미소를 지어 보였다. 면접관이 일렬로 서 있는 지원자를 보고 간단히 자기소개해 보라고 했다. 1번인 나는 이 기회에 나를 강하게 어필해야 한다고 생각했다. 이것저것 준비한 문구를 말하는 중 입술이 바르르 떨리고 말은 버벅댔다. 끝부분은 잘리고, 면접관은 나를 향해 쓴웃음을 지어 보였다. 결과는 '지원해 주셔서 감사합니다.'였다. 나이 제한이 있어 다시 없을 기회였다. 혼자 튀려 욕심부리다 허무하게 소중한 기회를 날려버렸다. 다른 지원자들을 보니 유난히 곱고 세련되어 보인다. 뽕을 잔뜩 살렸지만, 나처럼 부담스럽지는 않은 헤어스타일이다. 나중에 알았다. 이런 면접을 대비해 화장과 헤어를 준비해 주는 미용실이 있다는 것을. 처음 치루는 면접은 모르는 게 너무 많았다.

외국 항공사 면접에서도 어처구니가 없는 일이 터지고 말았다. 면접관이 세 분이 앉아계셨고, 거리를 두고 다섯 명의 지원자가 마주 보고 앉았다. 한 개의 영어 질문을 줬고, 저쪽 끝부터 답을 했다. 마지막 순서를 기다리며 질문을 수십 번 해석했다. 들어본 단어인데 정확한 듯이 기억나질 않았다. 다른 지원자들이 하는 답변이라도 잘 들었으면 대충 눈치라도 챘을 텐데. 내 답변을 준비하느라 머릿속이 하얘졌다. 아무것도 들리지 않았다. 내 차례가 왔다. 에라 모르겠다 생각나는 대로 내뱉었다. 내 답변이 끝나자마자 한 여성 면접관이 피드백해 주었다. '절망적인' 순간이 언제였는지 물어보는 질문에, '기쁜' 순간이 언제였는지 엉뚱한 대답을 해버렸다. 내 얼굴은 종이를 마구 구겨버린 것처럼 일그러졌다. 표정관리가 안 되었다. 면접관 뒤로 보이는 창문으로 돌진해 버리고 싶었다. 일그러진 얼굴을 보고 면접관이 한소리 했다. 집에 오는 내내 답변을 기다리던 순간과 일그러진 내 얼굴이 영상처럼 그려졌다. 영어 단어 하나 제대로 해석하지 못하는 주제에 왜 그렇게 우쭐댔을까? 자신이 한없이 부끄러웠다.

넘어야 할 산이 너무 많았다. 부모님을 설득해 학원을 다녔다. 난다 긴다 하는 예쁜 사람들과 영어 잘하는 사람들은 다 모였다. 나는 왜 영어를 잘 한다고 착각했을까? 외모는 어떠한가? 부족한 점이 너무 많았다. 국내 항공사는 나이 제한에 걸려 기회가 많지 않으니 외국 항공사로 눈을 돌려야 했다. 다행히 내가 지원할 수 있는 외국 항공사는 많았다. 그쪽은 외모도 많이 따지지 않는다고 한다. 선생님과 친구들이 나는 중동의 모 항공사에서 아주 완벽히 선호하는 외모라고 한다. 마음이 들떴지만, 영어가 발목을 잡았다. 외국 유학을 다녀온 사람이 태반이었고 나는 명함도 내밀지 못했다. 수백 개의 예상 질문에 답변을 적으면서 작문 연습을 했다. 영어 회화학원에 다니며 회화 실력도 늘려갔다. 스터디마다 동영상을 찍어가며 잘못된 습관을 고쳐나갔다.

지원자들이 동그랗게 둘러앉아 토론하는 중 면접관들은 합격 불합격자를 분류했다. 처음 토론 면접을 볼 때는 아무 말도 하지 않았다. 잘 들어주는 사람임을 어필하고 싶었다. 무리 중 영어 잘하는 경쟁자 틈에서 차마 끼어들지 못한 점도 있다. 아무 말도 하지 않으니 면접관은 내 영어 실력을 점검하지 못했던 것 같다. 다음 토론 면접에는 한마디는 꼭 하려고 했다. 너무 일찍 내 의견을 얘기해 버렸다. 타인을 배려하지 못한다는 인상을 주었던 것 같다. 다음 토론 면접에는 왼쪽, 오른쪽 두루두루 눈 마주침을 하며 미소를 날려주었다. 중간쯤 타이밍에 앞서 말한 지원자의 의견을 동조하며 내 의견을 덧붙였다.

드디어 합격 카드를 받았다. 반복되는 실패를 분석하고 더 나은 결과를 얻으려 끊임없이 노력했더니 성공을 경험했다.

면접을 수십 번은 보았다. 밥 먹는 것처럼 일상화가 되었다. 면접 가방에는 항상 검은색 치마, 하얀 재킷, 검정 구두가 준비되어 있었다. 면접일이 정해지면 노트를 다시 암기하며 합격을 기도했다. 처음 면접을 준비했을 때보다는 엄청나게 발전했다. 그런데도 합격하지 못하는 이유는 뭘까? 단순히 운이 나빠서일까? 내 옆에 앉은 아이가 나보다 운이 좋아서일까? 누구는 그저 예뻐서 합격한 것 같았다. 누구는 그저 조용해서, 누구는 운으로…. 나에게만 통하지 않는 것들이었다. 그러나 다들 그들의 이유가 있을 것이다.

강사로 업을 전향하고도 수차례 면접을 보았다. 기업의 소속 강사가 되기 위해서는 면접은 물론 10분에서 20분 정도의 시범 강의를 준비해야 한다. 내용 부분을 더욱 알차게 준비해야 하는 상황에 겉치레에만 치중했다. 강의 경험이 많지 않음에도 불구하고 많은 척 너스레를 떨었다. 그들이 원하는 교육 방식과 콘텐츠를 고려하지 않고 내가 편한 방법을 고수했다.

회사에서 여러 사람과 조직 생활을 하면서도 수없이 부딪히고 깨졌다. 너무 좋은 사람으로만 보이고 싶어 가식을 떨었다. 능력 있는 사람으로 인정받고 싶어 무리해서 일을 밀어붙인 적도 있다. 직급이 높은 사람에게만 잘 보이고 싶어 다른 사람을 무시하기도 했다.

동료가 더 잘 나는 것 같아 잘잘못을 일러바친 적도 있다. 앞뒤 안 보고 내 주장만 관철하다 피해를 보기도 했다.

이루지 못한 계획, 목표, 꿈이 많았다. 모든 실패에는 이유가 있었다. 적어도 나라는 사람에게는 분명 부족한 부분이 있었다. 생각했던 일이 잘 안 될 때마다 고민해 보았다. 왜 안 되었을까? 어떤 점이 잘못되었을까? 다음에는 어떤 부분을 고쳐야 할까? 생각하고 또 생각했다. 이어지는 행동에는 수정이 들어갔다. 비슷한 상황을 만났을 때 같은 실수나 실패를 거듭하고 싶지 않았다. 이러한 일련의 과정은 습관화가 되었다.

나는 오뚝이다. 넘어지고 넘어져도 또 일어나 우뚝 서는 오뚝이다. 시련이 있었지만, 그때마다 나는 더욱 단단해졌다. 물론 나만큼의 시행착오 없이도 태생이 눈치가 빠르거나 처세술에 능한 사람이 있다. 그들은 그들이다. 안타깝지만 나는 그렇지 않다. 지금 알게 된 것을 조금 빨리 알았더라면 더 좋았겠지만, 이제라도 알아서 다행이다.

과거의 나를 생각하면 부끄럽지만, 지금의 나는 자랑스럽다. 그 당시의 부족한 나의 행동을 여전히 비난하고 있는 이도 있을지도 모른다. 그러나 나는 확신한다. 어제의 나와 오늘의 내가 다름을. 그러므로 내일의 나 역시 다를 것이다. 실패는 나를 완성하는 과정이 되었다. 받아들이기 힘든 상황을 받아들이고, 견디고, 이겨내었더니 어느덧 나는 한 움큼 성장하고 성숙해 있었다.

나의 가치를 어떻게 높일 것인가?

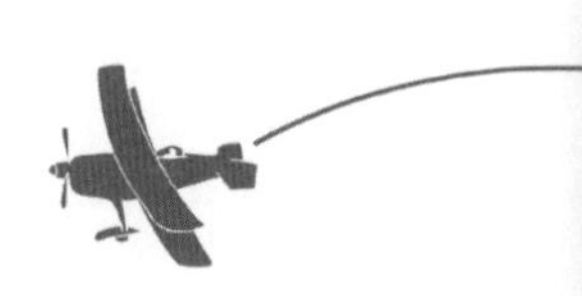

자동차 회사에서 2년 계약직으로 일하면서 임신을 했다. 출산 후 100일 동안 자리를 비워야 했다. 팀장이 본사에 대체 직원을 채용해 줄 것을 건의했다. 본사의 인사 팀장은 출산휴가 후, 복직시키지 말고 다른 직원으로 대체하라고 했다. 나는 누구라도 대체될 수 있는 하찮은 존재였다. 내 일에 대한 자신이 있었다. 프레젠테이션은 따라올 자가 없다는 칭찬 일색이었다. 그뿐이었다. 내가 없어도 회사는 잘 돌아갔다. 내가 없으면 내 일이 본인들에게 더해질까 노심초사할 뿐이었다. 세상 쉬운 일을 했다. 누워서 떡 먹기이자 식은 죽 먹기였다. 그러나 늘 마음은 고통스러웠다.

미국 유명대학을 졸업한 인사과장은 가방 짧은 사람은 티가 난다며 정색을 했다. 지방 3류대를 졸업한 나는 항상 기가 죽었다. 한동안 부서에서는 영어만 통용되었다. 모든 대화와 문서는 영어로 처리해야 했다. 예나 지금이나 영어가 발목을 잡았다. 외국 한번 나갔다 오지 않은 나는 A4 한 장을 번역하는데도 한참 걸렸다. 내 상사는 항상 영어도 못 하면서 그 자리에 앉아서 다른 직원들 받는 월급보다 두 배를 받느냐고 눈치를 주었다.

어느 조직에서든지 쓸모 있는 사람으로 인식되고 싶었다. 한 사람으로 인정받고 싶었다. KTX 승무원으로 근무하는 5년 동안 한 번도 나 스스로가 가치 있는 존재로 인정받고 있다고 생각하지 못했다. 호텔에서 교육 담당자로 근무하면서는 자리는 가치 있는 자리인데 내가 그 몫을 잘 해내지 못하는 것 같아 버거웠다. 어렵게 쟁취한 그 자리를 뺏길까 봐 전전긍긍하기도 했다. 의전 전문 사원으로 근무할 때 역시 나는 쓰다 버릴 수 있는 소모품이었다. 잠시 잠깐 자기들의 필요를 충족시키고 나면 언제든지 버릴 수 있는 일회용품 취급을 당했다. 어떻게 하면 소중한 인격으로 대우받을 수 있을까 고민했다.

어떻게 하면 중요한 존재로 인식될 수 있을까 고민했다. 내가 하는 일에 있어 인정받고 싶었다. 회사에서 해주는 교육은 가려운 부분을 시원하게 긁어주지 않았다. 책에서 답을 찾았다. 서비스라는 단어가 들어 있는 책은 거의 사서 읽었다. 파업 후에는 뭘 해도 화가 났다. 사람들이 건넨 인사에도 퉁명스럽게 대처했다. 근육통이 걸린 듯 온몸 마디마디가 저렸다. 병원을 가도 병명은 없었다. 어깨에 담이 뭉쳐 유명하다는 마사지사도 찾아가 보았다. 경락마사지를 받고 등에 온통 피가 올라와도 그때뿐이었다. 마음의 치유가 필요했다. 《똑똑하게 화를 다스리는 법》이라는 책을 통해 마음의 화를 치유했다.

지방 3류대 졸업생이라는 꼬리표를 먼저 떼고 싶었다. 지방대이긴 하나 내가 갈 수 있는 학교 중 가장 인정받는 학교의 대학원을 진학했다. 수업이 100% 영어로 진행된다는 글로벌 MBA 과정을 선택했다. 인사 조직에도 관심이 있고 경영에도 관심이 있었던 터라 일거양득의 효과를 얻을 수 있을 것 같았다.

큰 아이가 80일 됐을 무렵부터 시작해 둘째가 돌 때쯤 학위를 취득했다. 계획 없이 둘째를 임신하는 바람에 배가 남산만 한 채 중간고사를 치르고 출산하자마자 기말고사를 치렀다. 1점이라도 더 받으려고 출산한 지 일주일도 채 되지 않아 조리원에서 잠시 외출하여 수업을 들으러 갔다. 아래가 쏟아질 것 같아 더 앉아 있을 수 없는 상황에서도 한 시간 만 더 앉아 있자며 자리를 지켰다. 한국말로 들어도 이해하기 어려운 과목을 들을 때는 영어로 하는 수업이 무슨 의미가 있을까 후회도 했다. 그러나 배우는 동안 즐거웠고 한층 성장한 나를 발견했다. 특히나 나를 하나의 인격체로 존중해주는 좋은 사람들을 만났다. 새로운 인맥을 형성하며 몰랐던 정보도 얻을 수 있었다. 이 만남 자체만으로 소중한 선물을 받았다.

아이들과 가족들을 위해 학연도 지연도 없는 곳에 살림살이를 옮겼다. 아침 9시면 아이들을 어린이집에 데려다주고 집안을 정리했다. 오후 3시가 되면 아이들을 데려와 놀이터를 순회하며 시간을 보냈다. 저녁을 챙겨 먹이고 조금 놀아준 후 설거지를 하면 밖은 깜깜하게 해가 진다. 고주망태가 되어 들어와서는 잠들어 있는 애들 얼굴을 부비부비하는 남편을 보면 내 한 몸 희생하면 되지 마음을 고쳐 먹는다. 그동안 무슨 부귀영화를 누린다고 이들을 떼어놓았나 미안한 마음도 든다.

아이들이 집에 없는 시간은 뭐라도 하고 싶었다. 날마다 구직 사이트를 들락거렸다. 어린이집과 유치원에서 아이들에게 영어를 가르치는 정도는 어렵지 않게 해낼 것 같았다. 근무조건도 나쁘지 않았지만, 하루 교육을 듣고 우울해졌다. 이 길이 내 길은 아닌 것 같았다. 내 아이를 키우면서 시간 활용이나 경제적인 부분에서 나쁘지 않다 생각해서 한 선택에 화가 났다. 하루에 몇 시간이라도 나를 위해 살아야겠다 결심했다. 내가 진정 원하는 것은 무엇일까? 내가 진짜로 바라는 바는 무엇일까? 가족이 한 둥지에 모여 지낸 후 내 아이와 남편은 점점 행복해 보이는데 나는 정작 그렇지 않았다.

눈을 뜨면 행복을 고민했다. 내 삶에서 행복했던 때는 있었던가? 자신에게 묻고 또 물었다. 답을 찾았다. 그것은 바로, 내 마음에 희망이 있었을 때였다. 비록 이루지는 못했지만, 비행기 승무원을 꿈꾸며 강남 학원가를 출퇴근했던 1년 반이라는 시기가 참 행복했다. 강사라는 꿈을 꾸고 하루를 바쁘게 뛰어다녔던 그 시절이 행복했다. 내가 준비한 강의를 듣고 감동할 교육생을 상상하는 내내 행복했다. 내 마음에 꿈이 있었을 때, 그 꿈을 향해 전력 질주할 때 희망을 느꼈다. 그 희망이 내 삶의 활력소이자 살아가는 이유였다. 내 아이들과 남편만 사는 세상이 아닌 나도 함께하는 세상이기에 함께 잘 살 방법이 무엇인지 고민했다. 가정의 평화만을 바라며 사는 것은 나에게 행복을 가져다주지 않는다는 확신이 들었다.

매번 다른 상황에 놓이고 다른 결과를 얻었지만 보이지 않는 연결고리는 있었다. 타인에게 내 것을 내어주며 행복을 느낀다는 것이다. 마음먹은 일이 다 이루어지는 만만한 세상은 아니지만, 우리 자신을 위해 살자고 힘을 주고 싶다. 태생이 눈치 없이 태어나 조직에서 좌충우돌하며 얻은 비결을 나 같은 사람들에게 알려주고 싶다. 나의 시행착오를 통해 배움을 얻고 그대들은 나만큼 아프지 말았으면 한다. 이루지 못할 꿈이라도 마음에 담은 순간 희망이 생기면 그것으로 행복하다 누구라도 꿈을 갖길 독려하고 싶다. 단 한 사람이라도 나의 이야기에 귀 기울이고 공감한다면 그것이 내 존재 이유일 것이다. 내가 그토록 갈구하던 내 삶의 가치이다.

누구나 새로 시작할 기회가 있다

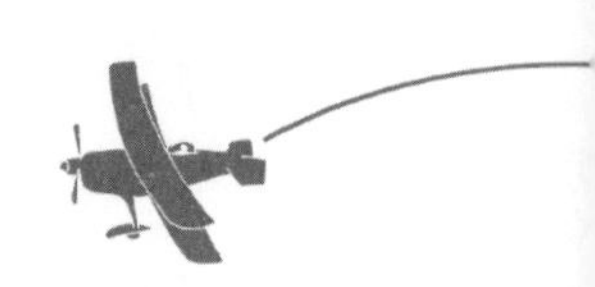

2015년 7월 어느 날, 무심코 지나치던 네이버 첫 화면에 '빚만 남기고 떠나서 미안하다, 아가'라는 기사가 떴다. 당시 큰 아이가 두 살이었고, 둘째는 배 속에 있었다. 그동안 KTX 승무원 관련 기사가 팝업되면 일부러도 읽지 않았다. 이번 기사는 제목을 읽는 순간 온몸이 찌릿했다. 그해 3월 어느 날, 서른다섯 살 박 아무개가 세 살 난 아이를 두고 아파트에서 몸을 던졌는데, 그녀는 해고된 KTX 여승무원이었다. 거침없이 눈물이 쏟아져 내렸다. 감정을 주체할 수 없을 정도로 흐느껴 울었다. 옆에서 아장아장 걷는 딸아이가, 마치 남겨진 그 아이인 듯 더욱 감정이 이입되었다.

스스로 죽음을 선택하는 건 어렵지는 않은 일이다. 그러나 그것을 행동에 옮겨 실현하는 일은 사는 것보다 더한 용기가 필요하다. 내가 그랬다. 희망을 잃어버린 순간에도 나는 의미 없이 하루하루를 살아나갔다. 그러다 하루는 웃고, 하루는 울기를 반복했다. 다른 희망이 생기고, 좌절하고, 또 다른 희망을 찾고 또 좌절했다. 그러나 내 옆에는 내가 책임져야 할 아이들이 생겼다. 혼자가 아니어서 기쁘다기보다는, 반드시 책임져야 할 자식들이 있기에 살아나갔다. 이 아이들이 또 나를 웃게 하면 그것으로 또 하루를 살아나갔다. 얼마나 절망이 컸으면 그런 극단적인 선택을 하고 말았을까…. 그 헤아릴 수 없는 절망감이 느껴졌다.

10년 가까이 투쟁을 이어왔던 34명의 승무원이 재판에 이겨 복직할 날을 손꼽아 기다리고 있었다. 부당해고로 인한 임금도 받았다는 소식을 들었다. 나는 100일 만에 포기했지만, 끝까지 싸운 만큼 보상을 받아서 다행이라 생각했었다. 그런데 대법원은 해고된 승무원 23명이 코레일을 상대로 낸 소송에서 원고 승소를 판결한 원심 결정을 파기 환송했다. 대법원은 KTX 여승무원이 코레일 근로자가 아니라고 판결했고 승무원들은 재판에서 졌다. 돌아갈 직장이 사라진 것만이 문제가 아니었다. 1심과 2심 소송에서 이긴 승무원들은 과거 4년간 고용된 것으로 인정돼 코레일로부터 임금과 소송 비용을 받았다. 1인당 받은 8,640만 원을 재판에 졌으니 이 돈을 다시 토해내야 한단다. 판결이 나고 20일 동안, 빚이 아이에게 상속된다는 게 미안해서 고민하고 고민하다가 극단적인 선택을 했다고 한다.

단군 이래 최대 국책사업이라는 KTX, 2004년 KTX가 출범하면서 여승무원들은 주요 홍보 포인트였다. 코레일은 막대한 광고비를 뿌렸고, 언론은 연일 KTX 띄워주기에 바빴다. 우리는 철도의 꽃인 양 포장되었다. 2기 승무원을 모집할 때 입사 경쟁률은 14대 1이나 되었다. 국내 굴지의 항공사 출신도 있었고, 서울 내 이름 있는 학교 졸업자도 많았다. 고졸 이상이면 지원 가능했지만, 대부분이 대졸자였다. 대학원을 졸업했거나, 해외 유학파도 있었다. 준공무원이라는 부분이 가장 매력적이었다. 코레일은 2004년 1기를 채용할 때 2년이 지나면 정규직으로 전환해준다는 조건을 내걸었었다. 그 당시 새마을호에 승차하는 여승무원들도 철도공사 정규직이었기에, 계약직으로의 시작에 이의를 제기하지 않았다. 싸움은 예상하지 못한 곳으로 흘러갔다. 우리는 대한민국 비정규직으로서 문제의 꽃이 되었다. 우리를 두고 정부와 대기업 그리고 노동자와 비정규직 문제가 얽히고설켰다. 투쟁이 무엇인지 파업이 무엇인지도 모르는데 어느새 투사가 되어 있었다.

모든 승무원은 철도 유통에서 정리해고되었다. 버려진 승무원들은 다음 위탁업체인 회사에 맡겨졌다. 처음부터 파업에 동참하지 않았던 선배부터 먼저 복직한 선배들은 모두 새 회사에서 간부를 맡았다. 부산지사에서는 4기 후배가 일찍 복귀해서 간부를 맡기도 했다. 남 승무원들도 고용되었다. 열차 내에서 카트를 끌며 간식을 팔던 홍익회 아저씨, 이모들도 흡수되었다. 새마을호에서 철도공사 계약직으로 근무하던 여승무원들도 옮겨졌다. 그러면서 한 달에 한두 번은 새마을호를 타야 했고, 판매 업무도 주어졌다. 기존의 회사에서 불만 사항과 요구 사항을 적극적으로 수렴한 회사는 회사의 체계를 잡아가기 시작했다. 사원 수 50명도 안 되었던 규모가 단시간에 1천 명 규모의 중소기업으로 성장했다. 일찍 복귀해 간부를 맡은 선배들은 승승장구했다.

서비스 강사로 업종을 전향하기 위해 학원에 다녔을 때, 나이가 서른이 되어 퇴직을 고민하는 한 언니를 보았다. 고등학교 졸업 이후 아르바이트부터 시작해서 10년간 다닌 회사에서 서비스 강사 업무를 주지 않으면 퇴사할 것이라 했다. 패스트푸드점이긴 하나 국내 대기업 산하에 있는 외국 프랜차이즈 브랜드라 업무환경은 좋지 않지만, 정년이 보장되는 일이었다. 더군다나 여자 나이 서른이면 새로운 일을 처음 시작하기에 조금 늦은 나이라 생각했다. 본인의 요구가 관철되지 않자 과감히 사표를 냈고 이름 없는 통신사 서비스 강사로 입사했다. 입사하자마자 회사는 S모 대기업으로 편입되었다. 2~3년 정도 일을 하다 본인의 직무를 더욱 중점적으로 할 수 있는 회사로 자리를 옮겼다. 어느덧 10년이 지났고 그녀는 그 분야의 정상에 있다. 초급대학 졸이었던 최종학력도 어느새 교육학 석사를 취득해 더욱 전문가로 인정받고 있다. 처음엔 보기에 걱정스럽고 못 미더웠지만, 지금은 고민이 있을 때마다 상담을 청하는 업계의 멘토가 되었다.

에이브러햄 링컨은 9번의 선거 참패, 2번의 파산으로 인한 경제적인 고통과 약혼녀의 비극적인 죽음, 항우울증과 신경쇠약을 모두 딛고 일어섰다.

"행복은 마음먹기에 달려있다. 나는 천천히 가는 사람이다. 그러나 뒤로는 가지 않는다."라고 말했다. 빅터 프랭클은 37세의 나이에 끌려가 지옥 같은 죽음의 수용소 아우슈비츠에서 3년을 지냈다. 그는 아우슈비츠에서 죽어가는 수많은 사람을 보면서, 혹독한 환경에서도 끝까지 살아남았던 사람들은 그들이 살아가야 하는 의미를 발견한 사람들이었다고 한다. 헬렌 켈러는 생후 19개월에 성홍열과 뇌막염에 걸려 평생 시각 장애와 청각 장애를 안고 살았다. 24세에 하버드 대학에서 학사학위를 받은 최초의 시청각 장애인이 되었다. 그녀는 독일어를 비롯해 5개의 언어를 구사할 수 있다. 20세기에 가장 널리 존경받는 인물 중 하나로 선정되기도 했던 그녀는 "행복의 한쪽 문이 닫히면 다른 쪽 문이 열린다. 그러나 흔히 우리는 닫힌 문을 오랫동안 보기 때문에 우리를 위해 열려 있는 문을 보지 못한다."라는 말을 남겼다.

누군가는 스물두 살에 대학을 졸업하고도 첫 직장을 가지려고 5년을 기다린다. 어떤 이는 스물다섯 살에 CEO가 되지만 50세에 세상을 떠난다. 다른 사람은 50세에 CEO가 되고 90세까지 산다. 오바마 미국전 대통령은 55세에 대통령직에서 물러났지만, 트럼프는 70세에 대통령이 되었다. 이 세상을 사는 사람들은 누구나 자신들의 타임 존이 있다고 생각하니 마음이 편해졌다.

기대가 그리 컸던 것도 아닌데 좌절이 너무 컸다. 그 절망의 늪에 빠져 허우적거리다 몸을 절반 끄집어내면 좌절의 기억이 또 나를 늪에 빠뜨렸다. 뒤처진 삶을 바로잡기 위해 쉬지 않고 달렸다. 내가 처한 상황이나 환경에서 더 나은 환경을 물색하고 그곳에 진입하기 위해 부단히 노력했다. 돌파구를 찾았다. 최초의 시점과 바람과는 아주 완벽히 멀리 떨어져 버렸지만, 늘 그곳에는 새로운 기회가 있었다. 끊임없이 기회를 찾았고, 그러는 중 기회를 잡았고, 또 다른 세상이 열렸다. 일찍이 세상은 넓고 할 일은 많다는 걸 알았더라면 인생의 낭비도 덜하고 마음의 상처도 덜 받았을 것 같다.

잠시 멈추었더니 보이지 않던 것이 보였다. 누군가 나보다 앞서고 있는 것 같지만, 또 누군가는 내 뒤에서 나를 보고 있음을 느꼈다. 누군가를 시기하거나 질투할 필요가 없다. 누구나 새로 시작할 기회가 있고 자격이 있다. 나 역시 그 누군가이다. 생각하기 나름이다. 마음먹기에 달려 있다. 나에 대한 믿음이 필요하다. 확신과 격려가 필요하다. 내가 무언가를 시도할 때마다, 어떤 이는 비웃는다. 그러나 포기하지 않고 조금씩 이루어낼 때마다 그들의 눈빛이 달라

짐을 느낀다. 그들은 마침내 나를 인정한다. 누군가는 나를 인생의 본보기나 멘토로 삼기도 한다. 그들 역시 새로 시작할 기회가 올 것이다. 그 기회를 꼭 놓치지 않길 바란다.

chapter 4

젊은 나에게 전하는 말

나부터 사랑했다면

첫 직장에서 10일간의 신입사원 교육을 마치고 회색빛의 투피스 정장과 모자, 보랏빛 스카프와 유니폼을 받았다. 특실서비스를 위해 주황빛 앞치마도 받았다. 평소 이마가 넓어 얼굴이 더 커 보인다고 투덜거렸는데, 이 모자를 쓰니 얼굴도 더 작아 보이고 왠지 위엄 있어 보였다. 유니폼을 입은 내 모습을 거울로 보니 가슴이 벅차올랐다. 당당한 눈빛, 밝은 미소, 곧은 자태가 누구도 부럽지 않았다. 다양한 자세로 기념사진을 찍으며 함께 교육을 받은 동기들과 한참을 자축했다. 깔깔깔, 까르르 우리들의 웃음은 끝나지 않았다. 드디어 지상의 스튜어디스로서 일을 시작한다는 생각에 가슴이 두근거렸지만, 현장에 투입되자 그런 기대는 한순간 무너졌다. 나는 점점 움츠러들었다. 객차 사이를 연결하는 낮은 언덕을 덜컹거리는 카트를 끌어 내리며 깨달았다. 아…. 이건 내가 원했건 일이 아니구나. 서류 뭉치를 뒤적거리며 우아하게 특실서비스를 받는 손님들을 응대하며 늘 초라했다. 가끔 출퇴근 길에 유니폼을 입고 출퇴근하는 비행기 승무원들을 보면 나도 모르게 고개가 땅으로 떨어졌고 그들의 뒷모습을 멀찍이 훔쳐보다 눈이라도 마주치면 애써 다른 곳으로 시선을 돌리며 얼굴이 붉어졌다. 나는 패배자였다. 같은 선상에서 출발했지만, 트랙을 다 돌지 못하고 탈락해버린 선수 같았다. 끝없이 그들을 동경했다. 아무리 잡으려 해도 잡히지 않아 더욱 애가 끓었다.

비행기 승무원이 시야에서 멀어지면서 사무직으로 직장을 구하려 해도 부족한 부분이 너무 많았다. 남들 다 있는 컴퓨터 자격증, 공인 영어 점수 등등 기본적으로 갖추어야 하는 자격 사항이 비어 있었고 그 공란을 메꾸기에는 너무 늦었다 생각했다. 첫 단추를 잘못 채웠더니 일이 다 뒤틀려버렸다고 비관했다. 시간이 지나 그 회사가 아니더라도 내가 설 수 있는 곳이 있고, 내가 이상적인 직업으로 꿈꾸었던 일을 할 수 있음을 알았다. 내가 몸소 진정한 서비스인으로 거듭나야 다른 이를 가르칠 수 있을 그것으로 생각했다. 다시 열정이 피어올라 일하는 내내 매 순간 열정을 다해 손님을 응대했다. 책도 업무관련 서적을 읽거나 교육을 수강하며 다음 목표를 이루기 위해 차근차근 준비해 나갔다. 잠시 스스로가 조금 가치 있는 사람으로 느껴졌으나, 나는 또 무너졌다. 현장에서 활약하고 있는 강사들 대부분이 국내 굴지의 항공사 출신이었다. 그들과 비교해 나는 또 작아졌고 자신이 없었다.

예상하지 않았던 결과를 만나고 변화를 겪으며, 어느새 불혹의 나이가 되어버렸다. 내 나이 40, 지금까지 이루어 놓은 것은 무엇일까? '나의 가치를 어떻게 높일 것인가!' 끊임없이 고민했지만, 삶은 내가 원하지 않는 방향으로 흘러왔다. '나는 지금 어디에 있나?' 스스로 물을 때마다 눈물이 났다. 나는 왜 이것밖에 안 되나. 나는 왜 이것도 못하나 생각이 많아졌다. 내가 속한 집단이 있을 때는 그 집단에서 벗어나려 애쓰다 혼자가 되었다. 어떤 집단에도 속해 있지 않을 때는 더욱더 혼자라는 생각이 들었다. 외롭고 또 외로웠다. 항상 나는 인생의 비주류였다. 사람으로서 가치를 인정받고 싶었다. 그렇게 큰 바람도 아니었는데, 그 바람은 나에게만 사치라 여겨졌다. 소리 없는 아우성으로 20대와 30대를 싸워왔다. 더 잃을 것이 없다고 생각했다. 더 내려갈 곳이 없다고 생각했다. 시간은 나에게만 멈춰 있는 듯했다. 결혼하고 아이를 낳고 이 아이들의 예쁜 행동에 어느 날은 웃었다. 그러나 그 웃음만으로 내 삶을 채워 갈 수는 없었다. 삶의 의미를 찾아야 했다. 나와 내 아이들과 남편이 한 가족으로서 공존할 방법을 찾아야 했다.

참 열심히 살았다. 경력이 단절된 중에도 하루도 마음 편히 쉬어 보지 못했다. 항상 정장을 차려입고 다녔으며, 머리도 내 마음대로 뽀글뽀글한 파마도 샛노란색 염색도 하지 못했다. 늘 긴장한 채 한 번도 나를 다독여 주지 않았다. 다른 누군가의 관심과 인정만 호소했었다. 내 목소리를 내고 싶었지만, 나부터 자신을 인정하지 못하고 있었다. 내가 못나고 부족해 지금의 이 지경에 이르렀다고 한탄했다. 지나고 보니, 왜 그렇게 과거에 집착하고 살았을까 싶다. 스스로가 나를 인정하지 못하는 마음이 문제였다. 마음속은 불안했고, 그러므로 흔들렸다. 패배의식에 젖어, 자격지심에 젖어 젊은 날이 온통 실패투성이라고 생각했다. 그러다가 다르게 생각해보았다. 나만 뛰고 있는 것은 아니라 모두가 열심히 뛰고 있었다. 이렇게 타인을 인정하고서야 비로소 마음이 편안해졌다. 나를 이해하고 다독거리니 비로소 다시 시작할 수 있는 용기가 생겼다. 멈춰 있는 듯했지만 조금씩 전진하고 있었다. 왜 그렇게 과거에만 얽매여 비관하고 한탄했을까.

과거의 집착에서 벗어나 리셋버튼을 누른 듯 우리의 삶을 초기화해 보자. 인생을 처음 사는 것처럼…. 사람을 처음 대하는 것처럼…. 늦지 않았다. 내일을 준비하자. 내가 나를 사랑하자 잃어버렸던 자신감이 찾아들었다.

원망과 후회에서 벗어나기

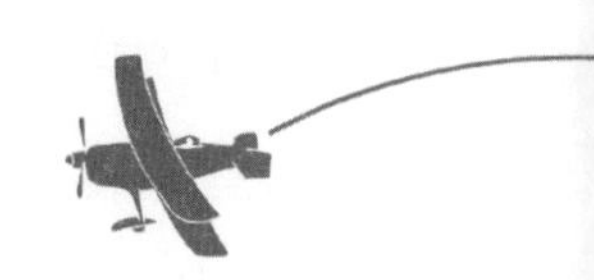

뒤로 넘어져도 코가 깨질 것 같은 징그럽게 운이 없는 날이 있다. 해야 할 일은 시간이 지난다고 해서 없어지는 것이 아니라 오히려 쌓이기만 한다. 일어날 일은 일어나고야 만다. 결국…. 인생을 되돌아보니 뭘 해도 안 되는 시기도 있었지만, 큰 노력을 들이지 않아도 되는 시기가 있었다. 엎치락뒤치락 U곡선이 반복되는 곡선 그래프와 같다. 그런데도 항상 내게만 모질게 구는 신을 비난했다. 나에게 주어진 삶만 유난히 고단하다 착각했다. 입만 열면 "짜증 나 죽겠어, 짜증 나 죽겠어, 짜증 나 죽겠어…."를 연발했다. 말이 짜증을 만들어내는지, 상황이 그 말을 만들어내는지 분간하지 못할 만큼 악순환이 이어졌다. 나 자신의 삶에 대한 회한과 비난은 고스란히 아이들에게 표출되었다. 내가 이렇게밖에 살 수 없는 것이 꼭 아이들 탓 같았다.

"넌 도대체 만날 왜 그래? 너 때문에 짜증 나 죽겠어. 시끄러워, 뚝 그쳐! 안 그치면 엄마 나갈 거야, 너 때문에 미치겠어."

말이 씨가 된다는 것, 말이 독이 된다는 걸 충분히 알지만 내 입은 제어되지 않았다.

나의 선택과 결정으로 인해 생긴 모든 결과를 남의 탓만 하며 살아왔다. 아이들은 나에게 낳아달라고 부탁도 청탁도 한 적이 없다. 오직 나의 이기심과 결정으로 이 아이들을 세상에 잉태시켰다. 그런데도 나는 내 삶이 아이들 때문에 구겨져 버렸다며 도망칠 궁리만 해댔다.

첫 직장에서의 회사생활은 불만투성이였다. 나는 충분히 역량 있는 인재인데 아무도 나를 알아주지 않는다 생각했다. 파업 전 회사에 먼저 들어왔다는 이유만으로 모든 걸 장악해버린 선배들 때문에 어떤 것도 시도하지 못했다. 파업 후 바뀐 철도 자회사에서는 조금 늦게 복귀했지만 기회가 있었다. 새로 시작할 기회, 나의 역량을 보일 기회, 인정받을 기회. 그러나 사회정의를 실현하지 못했다는 자책감과 이들만 없었으면 철도공사 정규직을 달성할 수 있었다는 미움과 화에 가득 찬 상태로 회사생활을 했다. 소속되어 있으면서도 나는 다르다고 생각했고 항상 벗어날 궁리만 해댔다. 이런 나에게 잘했다 잘했다 할 회사나 고용주는 없을 것이다. 같이 복귀하거나 늦게 들어온 후배들이 회사에서 인정을 받고 더 높은 직급을 부여받는 것을 보고는 엉터리 같은 회사에 다니고 있다고 또 나의 환경과 내가 처한 상황을 비난했다. 내 미간에는 항상 주름이 잡혀있었고, 누군가 툭 치면 금방이라도 터져버릴 듯한 시한폭탄 같았다. 나를 알아봐 주지 않는다는 이유로 무능력한 조직으로 치부해 버렸다. 무엇보다 공정한 인사관리와 평가를 희망했다. 그 기준에 내가 해당하지 않는다는 이유로 비난했다. 또 나는 환경을 탓하고 다른 곳만 쳐다보고 있었다.

호텔에서 교육담당자로 채용이 되면서는 대리직급을 달았다. 다른 매니저급은 최소 과장의 직급을 받았는데 나만 대리직급이라 조금 속이 상했다. 호텔에서의 경력이 없었으므로 인정하고 들어갔고 인턴이나 신입사원보다는 두 배의 연봉을 받았으므로 만족했지만 일할수록 괴리감이 느껴졌다. 외국인 총지배인의 신임을 받는 재무팀장은 나보다 나이가 한 살 많은데 차장이다.

연봉은 두 배나 차이가 난다. 그는 고등학교 때 미국으로 유학을 가 그곳에서 대학을 졸업하고 라스베이거스의 꽤 알아주는 호텔에서 일한 경험이 있었다. 프런트, 식음료, 예약 부, 객실관리부 팀장 모두 외국 대학을 졸업하고 국내의 이름 있는 호텔에서 일한 경험이 있었다. 상관인 인사 팀장 역시 미국에서 유명대학을 졸업하고 본인이 직접 호텔의 총지배인으로 근무하다 한국에 들어왔다고 했다. 아침마다 진행되는 부서장 미팅에 나는 낄 수도 없었다. 다른 큰 호텔은 교육부도 따로 있다는데, 인사부 아래에 소속되어 장의 역할도 맡기지 않는 회사와 총지배인이 미웠다.

부모님도 원망의 대상이었다. 어렸을 때부터 아빠는 양복점 사장님이었다. 그러다가 브랜드 옷가게 대리점을 운영하셨다. 부모님의 일터는 내 놀이터였다. 가게에서 일하는 언니들은 항상 나를 귀엽다 예쁘다 해 주었다. 그 관심과 칭찬이 익숙하고 당연했다. 과일장사하는 친구가 자기 부모님도 사장이라 하면 급이 다르다며 무시했었다. 사장 딸이라는 것만으로 나는 기고만장했다.

평생을 장사하시던 아빠는 평생소원이 나이 육십에 장사를 접는 거였다. 회갑을 약간 넘기셨을 때 드디어 가게를 정리하셨다. 후련한 건 한순간이었다. 다시 무언가를 시작하려 할 때는 가진 것이 너무 부족하셨다. 자금, 전문지식 등 본인의 기준에서 제일 만만한 업이 당구장을 차리는 것이었다. 주변인들의 만류를 무릅쓰고 집 바로 앞 상가에 있는 당구장을 인수하셨다. 생각보다 수지타산이 맞지 않아 고용했던 직원을 자르고 두 분이 직접 가게를 운영하셨다. 그러다 갑자기 엄마가 큰 수술을 두 번이나 치렀다. 아빠 혼자 엄마 병간호에 당구장 업무까지 소화하기엔 무리가 있었고 권리금 한 푼 받지 못하고 가게를 정리했다. 몇 년째 집에서 뒹굴뒹굴하다 주차관리일을 시작하셨다. 나는 평생 사장 딸일 줄 알았는데, 우리 아빠는 더는 사장이 아니었다. 막상 내 아버지가 이 일을 시작하니 여러 가지 복잡한 감정이 들었다. 나를 왜 이렇게 창피하게 하는 걸까 밉고 또 미웠다. 그 나이 되도록 본인들의 경력 관리 하나 못해 고작 주차나 청소밖에 못 하는 것이 한심스럽기도 했다.

오직 내 아이들을 위한 삶을 살고자 그동안 살던 터전을 정리하고 새 둥지를 틀었다. 내가 조금 희생하고 헌신하면 아이들과 남편, 그리고 우리 가족이 행복하다고 생각했다. 내 아버지도, 내가 사랑하는 남자의 아버지도 그러했을 것이다. 한평생 자신의 삶은 뒷전으로 하고 아이들을 위해서, 가족을 위해서 희생하고 헌신하다 보니 어느새 70의 나이가 되어버렸을 것이다. 본인이 가진 것들을 다 내어주고도 자식들에게 부담주지 않기 위해 최선을 다하셨다. 그런데도 나는 그것을 무능력함으로 치부해버렸다. 경험하지 않았을 때는 미처 몰랐지만 직접 경험하고서야 그 느낌을 알게 되었다.

'다름을 인정해야 한다. 사람은 평등하다. 우리는 모든 가치 있는 존재이다. 직업에는 귀천이 없다.' 정작 스스로는 뼛속 깊이 부정해왔던 것들을 강사랍시고 다른 사람들을 가르치려 들었다. 엄마가 되어 자식을 위한 삶을 살다 보니, 그러한 생각을 가졌었던 것조차 죄송하고 또 죄송하다. 참 철이 없고 생각이 짧아도 너무 짧았다.

내 삶을 존중하기

살림살이를 옮기고 모든 걸 새로 시작해야 했다. 오전 10시부터 4시까지 주중에만 할 수 있는 일을 찾았다. 이런 나를 불러주는 회사는 아무 데도 없었다. 어차피 아이를 낳을 거라면 좀 더 일찍 낳을 걸 후회했다. 뭐 하러 비싼 돈을 들어 대학원에서 공부했나 반성도 했다. 과거의 모든 나의 행적들이 후회스러웠다. 과거를 부정할 수는 없었다. 지나온 시간이 있기에 지금의 내가 있었다. 마음의 병이었다. 마음이 문제였다. 세상 사람은 나에게 그다지 관심이 있지 않은데 나만 작아지고 소심해져 전전긍긍했다. 나부터 자신을 인정하기로 했다. 충분히 그럴만한 자격이 있었다. 하루하루 열심히 살아왔고 지금도 나는 더 나은 미래를 준비하고 있다는 것이 대견스러웠다. 그 순간 둘째 아이의 고사리 같은 손이 보였다. 또래에 비해 크지만 나와 비교해 한없이 조그마한 발과 발가락 하나하나가 눈에 들어왔다. 눈에 넣어도 아프지 않다는 것이 이 말이구나. 이만큼이라도 사는 모든 것에 감사할 수 있었다.

일을 다시 시작하고 싶었다. 아이들을 위한 삶을 살겠다고 해놓고서는 또다시 아이 돌보미를 고용하는 건 맞지 않았다. 혼자 있는 시간을 백 퍼센트 활용하는 방안을 고민했다. 비어 있는 시간에 일주일에 서너 번 할 수 있는 일을 찾았다. 어린이집과 유치원에서 영어를 가르치는 일이었다. 어차피 우리 아이들도 가르칠 겸 준비하는 과정이 어렵지는 않을 거로 생각했다. 월급이 많지는 않지만, 시간 활용도 원활해 꽤 매력적인 일이었다. 세상에 쉬운 일은 없었다. 그 20~30분 수업을 하기 위해서는 다양한 자료를 준비해야 했다. 영유아 교육이라 만만하게 생각했는데 그 세계에서도 전문가는 있었다. 감히 단순한 나의 필요 때문에 그 전문가들에게 대적한다는 건 아이들에게도 그들에게도 참 미안한 일이었다.

하고 싶은 일과 해야 할 일 사이에서 딜레마를 겪는다. 두 가지를 모두 충족시키는 조건을 찾기는 쉽지 않다. 과거의 나는 쉬운 길을 선호했다. 누구보다 자신을 잘 안다 생각했기에, 스스로가 선택한 방향에 확신이 있었다. 지나고 보니 늘 가야 할 길보다는 쉬운 길만을 선택했던 것 같다. 내가 좋아하는 일만 하기를 원했다. 적어도 내 인생에서만큼은 좋아하는 일만은 할 수 없다는 현실을 깨달았다. 그래서 좋아하는 것보다는 해야 할 일을 우선으로 처리해보자 마음먹었다. 일순간 후회스러운 과거였지만 오랜 기간 넘어지고 다

치고 다시 일어나면서 나는 성장하고 성숙했다. 연결고리를 찾아보자. 좀 어렵겠지만 내가 하고 싶은 일과 해야 할 일, 그리고 내가 지향하는 가치를 충족시킬 수 있는 일이 무엇일까?

내가 잘 하는 것은…. 말하는 것을 좋아한다. 어렸을 때부터 엄마는 말씀하셨다. "넌 물에 빠져도 입만 둥둥 뜰 거다!" 사람들 앞에서 발표하는 건, 기가 차게 잘 할 수 있다.

자동차 회사에서 회사 브리핑을 할 때도 남들 벌벌 떠는 의원이나 사장, 회장님 앞에서도 긴장 한번 하지 않았다. 발표가 끝나면 박수가 쏟아졌고, 경외의 눈빛을 읽을 수 있었다. 발표만큼은 해외석 박사, 잘 나가는 아나운서보다 잘 할 자신이 있다.

하나 더, 나는 긍정의 여왕이다. 단순한 게 복이다. 어떤 고뇌도 오래가지 않는다. 넘어졌다, 쓰러졌다, 상처받고 좌절하지만, 생각이 오래 가지는 않는다. 젊은 날 한순간 죽음을 상상하기도 했지만, 그 상상이 오래가지 않아 여태 결혼해서 자식까지 낳고 잘살고 있다. 그동안 삶에 길흉화복의 변화가 많아 예측하기 어려웠지만, 분명 나에게 이로운 일이 생길 것이라는 배짱이 있다. 그러므로 어떤 순간에도 신이 나에게 던진 물음표를 이해하려 노력한다. 그 답이 무엇인지 내가 배워야 할 점과 배울 점은 무엇이었는지 반드시 챙기고 지나간다. 위기 속에서도 기회를 발견할 수 있다.

또한 눈만 뜨면 계획을 세우고 준비한다. 눈을 감고서도, 꿈에서까지 고민하고 계획한다. 눈을 뜨면 바로 기록한다. 고3 때는 시기에 맞지 않게 노트 정리에 집중하다 정작 공부를 못 해 시험을 망친 비운의 사연이 있다. 수차례 시행착오가 있었지만, 여전히 나의 강점은 정리하기, 계획하기, 준비하기이다.

내가 좋아하는 것은…. 큰 무대에서 스포트라이트 받을 것을 좋아한다. 사람들 앞에서 말할 때도 소규모보다는 200~300명 앞에서 더욱 희열을 느낀다. 몸 안의 모든 감각 기관이 곤두서 등에 땀이 흥건할지라도 그 순간 내가 살아있음을 느낀다. 더불어 내 이야기를 듣고 있는 사람들의 나를 향한 따뜻한 눈빛과 공감이 섞인 반응을 보면 더욱 흥분된다. 그들에게 희망과 용기를 주고 싶다. '당신이 원하는 것은 무엇이든 해낼 수 있다!' 그들의 삶을 응원하고 싶다. 내면을 채우고 싶다. 아무리 비싸게 산 옷이나 가방도 시간이 지나면 해어져서 못쓰게 돼버렸다. 무리해서 산 물건이라면 속상하고 화가 났다. 시간이 지날수록 더 가치 있고 아름다운 것이 무엇일까? 내 마음의 양식을 찾게 되었다. 수백 수천만 원을 들여 여기저기 배우러 다니면서 돈을 뿌렸다고 후회하기도 했지만, 그 모든 것이 내 안에 남아있다고 생각한다. 보이지 않는 지식과 정보들이 재산이 되어 나라는 가치를 만들어냈다.

시간당 받는 노동의 대가가 나 자신의 가치를 결정한다고 착각했던 적도 있다. 몇 년 전 아는 강사가 시간 당 7만 원 하는 강의를 8시간만 해달라고 부탁한 적이 있다. 하루 일당이 56만 원이나 되는 일을 고사했다. 참 주제넘은 행동이었다. 처음부터 다시 시작한다 생각하니 시간당 만 원도 감사한 일이다. 단지, 내가 추구하는 가치의 충족이 중요했다. 상공회의소 인력개발원에서 전임 강사로 근무하면서 친정엄마에게 100만 원을 드렸다. 새벽에 나가 밤늦게 들어오는 게 미안해서 부담이라도 덜어줄까 세 살 밖에 안 된 아이에게 개당 10만 원 이상 하는 방문 선생님을 일주일에 세 번이나 들였다. 아들이 고향에 왔는데 그냥 갔다면 서운해 하실까 봐 주말마다 시댁에 갔다. 빈손으로 가기 뭐해 양손 가득 선물을 사갔다. 이런저런 경비가 지출되면 고작 50~60만 원이 남았다. 밤에 잠 못 자고 강의 자료를 준비해가면 교육생들은 내 시간만 되면 기술 교육이 아니라 무시했다. 스마트폰 게임, 컴퓨터 게임, 자격증 공부하는 이들을 빼면 심한 반은 고작 네다섯 명만 수업을 들었다. 아침 일곱 시 출근준비로 화장을 하고 있으면 작은아이가 기어나와 내 다리를 부여잡고 갖은 애교를 떤다. 그러다 가방을 들고 신발을 신으면 눈물을 글썽인다. 할머니가 잠시 유인하는 동안 재빨리 문을 닫고 나오면 엘리베이터까지 한 서린 울음소리가 들려왔다.

어느 순간 돈의 액수는 중요한 게 아님을 깨달았다. 일을 할 수 있다는 게 감사했다. 특히나 취업을 준비하는 사회의 후배들에게 보탬이 된다는 것이 흐뭇했다. 내 인생의 시행착오를 바탕으로 그동안 갈고닦은 전문지식을 얹어 그들이 삶에 방향성을 설정하고 목표를 이루어내는 도움을 줄 수 있어 행복했다. 전체 근무 시간 대비 내가 느끼는 이 행복을 느낄 만한 비율은 점점 줄어갔다. 내 이야기에 귀 기울여주는 교육생도 많았지만, 그 비율에 비해 아이를 떼어놓고 나온 이기적인 엄마로서의 죄책감은 이기지 못했다. 돈의 액수도 무시하지는 못했지만, 우선순위가 돈이 아니었다. 최저임금만 받아도 내가 가치 있는 존재로 인정받을 수 있는 일을 하고 싶었다. 나라는 사람이 중요했다. 인생의 동반자로서 남은 생을 함께한 나와 내 아이들과 남편, 우리 가족 모두의 행복을 충족시키는 가치와 내가 좋아하는 일, 그리고 내가 가장 잘 하는 일의 중첩 부분을 찾고 싶었다.

최선보다는 전력투구

'지치면 지고 미치면 이긴다.'라고 생각하는 나는 늘 최선을 다하는 사람이었다. 내가 할 수 있는데 하지 않는 것은 거짓을 범하는 행동이라 생각했다. 힘에 부쳐 잘하지 못 하는 일이 있으면 능력이 없어 부끄러워하며 더욱 자신을 채찍질했다. 최선은 최선의 방책이 아니었다. 빠릿빠릿한 삶을 살았다고 자부하며 보상을 요구했지만, 더욱 전력투구해야 했다. 다른 길을 가 볼까 하다가도 그동안 투자한 시간과 돈이 아까워 집착했다. 나에 대해 더욱 적극적으로 인지하고 방향을 설정했어야 했다. 더 많은 정보를 구하고 나와 매칭시켜 보고, 아니라면 빠르게 다른 길로 전향했어야 했다. 어차피 늦은 거면 아집을 버리고 다른 길을 물색했어야 했다. 두려움을 떨치고, 아무도 밟지 않은 새로운 길에 도전했어야 했다.

판단력이 흐렸다. 누군가 나에게 답을 내려주기만을 기다렸다. 자신에 대한 확신이 없어 인생은 불투명했고 미지수였다. 학원 선생님이 자신이 합격할 걸 미리 맞추었다는 사주쟁이를 소개해줬다. 내 나이와 생년월일을 묻고 노트에 무언가를 끄적였다.

"이번 시험에 합격하나요?"

확답은 해주지 않았다. 외국을 많이 드나들 팔자라고만 했다. 대답이 시원치 않아 다른 사주쟁이를 찾아갔다. 유난히 호응해주는 따뜻한 언행에 말려들었다.

"잘 하면 되겠다. 이번 시험 볼 곳과 연이 있다."

온갖 희망을 안고 그 집을 나섰지만, 며칠 후 결과는 낙방이었다.

사는데 정답이 있을까? 문득 이런 생각이 들었다. 나도 나를 모르는데 누가 나를 알리요…. 사람은 자기가 아는 만큼만 보이고, 자기가 경험한 만큼만 느낀다. 전혀 다른 인생의 배경지식을 가진 그들에게 내 삶에 대한 답을 내놓으라 하며 힘들게 번 돈을 날렸다. 다른 방법으로 답을 얻을 때까지 계속해서 물어보았다.

'네가 진짜 원하는 건 뭐니?'

'네 인생의 최종 목적지는 어디니?'

'네 인생의 무대는 어디니?'

스스로 묻고 답하기도 하고, 주변의 여러 지인에게 조언을 구하기도 했다. 그들이 해준 피드백은 모두 자신의 가치 판단 기준이었다. 어떤 이는 나를 극히 배려해서 듣기 좋은 달달한 말만 늘어놓았다. 어떤 이는 자신의 필요 중심으로 나를 이용하려 하며 자신의 욕구를 충족시켰다. 대학원을 진학하는 문제로 조언을 구할 때도, 모두 본인이 졸업한 학교가 최고라 조언을 주었다. 다른 누구도 아닌 나 스스로가 정확한 판단을 할 줄 아는 지혜를 가져야 한다. 그걸 망각한 채 내 인생을 다른 사람에게 맡기려 했다. 그리고서는 기대하는 결론을 얻지 못하면 남의 탓만 늘어놓았다는 걸 알았다.

이후 사람들의 시선이 두려웠다. 실패한 인생이 무슨 올바른 판단을 할 수 있겠느냐며 자책했다. 정확한 판단 후 공격적으로 움직였어야 했다. 나의 행동은 옳은지 그른지 정확하게 판단하고 해야 할 일이면 확신하고 밀어붙였어야 했다. 항상 시기를 잘 못 만났다는 환경 탓으로 돌리기보다는 환경을 바꿔보려고 노력해야 했다. 인생의 무대를 다른 곳으로 옮기려고 한 번이라도 시도했다면 조금은 다른 삶을 살고 있지는 않을까?

2002년 한국과 일본이 함께 월드컵을 진행했던 때, 꾸준히 영어 공부를 한 덕분에 VIP FIFA 관계자들 의전으로 자원봉사를 했다. 축구라는 스포츠에 그렇게 열광하지는 않았다. 한 팀당 팀원이 몇 명인줄도 몰랐다. 게임의 규칙이나 관전 포인트 등은 더더욱 관심 밖이었다. 경기가 있는 날 사람들이 우르르 TV 앞에 몰려들어 응원가를 불러도 나는 항상 자리를 지키며 눈을 돌리지 않았다. 외국인에게 그동안 갈고닦은 영어 실력을 뽐낼 수 있다는 것만 중요했다.

어느 날, 10분 정도 지각을 한 나는 유난히 들떠있는 팀원들을 보았다. 유니폼을 갈아입고 자리에 가자 동료가 받은 표를 자랑했다. 한 VIP 임원이 자원봉사하는 사람들을 위해 곧 광주에서 있을 경기의 표를 무료로 지급했다는 것이다. 지각하지 않았다면 나도 받을 수 있었는데 놓쳐버렸다. 어떤 언니는 흥분을 가라앉히지 못하고 호들갑을 떨었다. 경기에 그다지 관심은 없었는데 왠지 배가 아팠다. 나중에는 배가 아파서 뒹굴뒹굴 구를 지경이었다. 나 빼고 모든 팀원은 대한민국이 아시아 최초로 2002 월드컵 4강 신화를 창조한 경기를 관람했다. 아무리 경기에 관심이 없어도 4강전은 간첩도 다 아는 역사적인 경기였다. 땅을 치고 후회했다. 5분만 일찍 일어날 걸…. 아무리 배고파도 한 술만 덜 뜨고 나올 걸…. 느릿느릿 걷지 말고 빠른 걸음으로 걸어갔더라면 앞 버스를 탔을 텐데…. 나는 왜 지나고서야 깨닫는 걸까.

타임머신을 타고 꽃다운 20대로 돌아갈 수만 있다면 들려주고 싶은 말이 많다. '나'부터 사랑하라고 말하고 싶다. 그 시기는 안다고 생각했으나 정확하게 모르는 부분이 많았음을 인정하고, 감추거나 덮지 않고 정확한 정보를 위해 노력했어야 했다고도 말하고 싶다. 타인에 대한 원망과 후회에서 벗어나 조금 더 주도적으로 내 삶을 이끌 걸 그랬다. 그때는 열정을 다 했다 자부했지만 지금의 삼분의 일만큼도 전력을 다하지 못한 것 같다. 왜 지나고서야 깨닫는 걸까…. 지금 알게 된 것을 조금 일찍 알았더라면 얼마나 좋았을까?

확신을 갖지 못하고 갈팡질팡하는 인생은 살지 않았을 테다.

어떤 일이 일어날 것인가 예측하고, 그 상황을 어떻게 현명하게 극복해 나갈 것인가 대책을 세워야 한다. 그렇다면 조금 덜 상처 받을 것이다. 타이밍이 중요하다. 매 순간 정확한 판단과 행동이 중요하다. 이제는 과거의 기억으로부터 자유로워지자.

갈팡질팡하는 사이
인생은 낭비된다

대학을 졸업하고 서울에서 항공사 준비를 하며 영어의 한계를 느꼈다. 내가 사는 동네에서는 내가 제일인 줄 알았는데, 부족한 점이 너무 많았다. 한참 모자랐다. 처음 본 면접에서 질문도 제대로 못 알아듣고 헛소리를 해댄 이후 더욱 마음이 급해졌다. 어학연수를 다녀오고 싶어 부모님을 졸라댔다. 아빠는 또 역정을 내셨다. 대학까지 보내줬으면 취직할 생각을 해야지 또 부모에게 손을 벌린다고 투덜거리셨다. 엄마는 내가 그렇게 원하면 지원해주겠다고 말씀하셨지만 두려움도 자리했다. 그 두려움을 아빠의 반대로 포장했고 결국 포기했다.

대학원에 입학하기 2년 전 같은 과에 지원서를 넣고 면접을 봤었다. 한 달 동안 예비 과정을 듣고 등록 직전 포기했다. 같은 부서에서 일하는 동료가 지방대에서 석사학위를 받으면 뭐하냐는 한마디가 비아냥거림으로 들렸기 때문이다. 미국에서 대학을 졸업한 인사

팀장과 서울의 유명대학교를 졸업한 이 친구 둘은 가방끈의 길이에는 확실한 차이가 있다고 말했다. 나보다 일 잘하는 사람으로 인정받는 그 사람들 위에 서고 싶었다. 고작 지방 3류대를 졸업한 내가 또 지방대를 선택해야 하나 답이 서질 않았다. 남의 눈치만 살피다가 등록 시기를 놓쳐버렸다. 배움에 대한 열정을 식질 않았다. 서울권에 있는 대학이 지방에 있는 대학보다 수업의 질이나 교육의 수준이 높은 듯했다. 학비는 배로 차이가 났고, 다시 서울 생활을 할 자신도 없었다. 주말 부부이긴 하나 혼자가 아니었기에 나의 결정에는 남편의 의견도 물어야 했다. 내가 원하는 방향으로 결정하라고 했지만, 너무 이기적인 결정이었다. 2년 뒤 같은 학교의 같은 과에 다시 지원했다. 그때 밀어붙였으면 이제 졸업할 시기인데 후회도 했다.

내가 가는 이 길이 어디로 가는지

어디로 날 데려가는지 그곳은 어딘지

알 수 없지만, 오늘도 난 걸어가고 있네.

(중략)

무엇이 내게 정말 기쁨을 주는지 돈인지 명옌지

아니면 내가 사랑하는 사람들인지 알고 싶지만

알고 싶지만, 알고 싶지만, 아직도 답을 내일 수 없네.

자신 있게 나의 길이라고 말하고 싶고 그렇게 믿고

돌아보지 않고 후회도 하지 않고 걷고 싶지만

아직도 나는 자신이 없네.

(중략)

GOD의 〈길〉이란 노래처럼 방황하고 또 방황한다.

내가 원하는 삶이란 무엇일까? 돈일까, 명예일까, 사랑하는 사람들일까? 사람들에게 그럴싸해 보이고 싶은 욕구는 명예욕이다. 시간 당 받는 노동의 대가가 중요했지만, 큰 돈만을 바라지는 않는다. 사랑하는 사람들도 중요하다. 내 아이들, 내 남편, 부모님, 형제자매. 당장 내 일만을 고민했던 것 같다. 인생의 종착역을 정해놓고 지금 나에게 온 기회가 그것과 맞는 방향일 때 선택했어야 한다. 그 방향으로 가는 중에 장애물을 만나면 어떤 방법으로든 해결하고 지나갔어야 한다. 하고 싶은 게 너무 많았다. 꼭 몸으로 경험해야 제대로 알 수 있다고 생각했다. 직접 경험하고서야 직성이 풀렸다. 남의 눈치를 보며 그들의 조언을 신봉했었다. 정보만 묻기보다는 정보의 경로를 물어봤어야 한다. 내가 내 기준으로 철저하게 나에게 맞는 정확한 판단을 해야 했다. 시간에 더욱 정확한 판단을 했다면 인생의 낭비를 줄이지 않았을까 싶다.

한 걸음
한 걸음씩

지금도 그렇고 과거에도 하고 싶은 게 너무 많았다. 초등학교 3학년, 선생님의 질문에 답을 하고자 번쩍번쩍 손을 들었지만, 발언권을 얻지 못했다. 애가 타고 안달이나 책상을 지탱하는 발걸이에 발을 뻗어 동동거렸다. 온몸으로 애가 끓고 있음을 표현하자 선생님은 나에게 기회를 주었다. 그 날의 몸부림과 선택받은 순간의 희열만 기억에 남는다.

대학생이 되고 첫해, 학과에서 준비하는 '일문인의 밤' 행사에서 단체 댄스팀으로 무대에 섰다. 댄스팀을 지원한 나를 모두 의외의 시선으로 바라보았다. 연습이 시작되고, 몸은 생각만큼 잘 따라와 주질 않았다. 머릿속에서는 성인식의 야한 안무 동작이 그려지는데, 막상 아무리 연습을 해도 내 동작은 왠지 모르게 흐물흐물했다. 완벽하지는 않았지만, 무사히 무대에 올랐다.

그 이듬해에는 솔로 보컬에 욕심을 부렸다. 어렸을 때부터 노래하는 걸 좋아했다. 좋아하는 것과 잘 하는 것은 명확한 차이가 있음을 그 당시에는 몰랐다. 총연습을 하고 나서 진행 팀장을 맡은 선배 오빠가 왔다. 몸 상태도 안 좋아 보이는데, 시간 관계상 두 곡으로 예정되었던 내 무대를 한 곡으로 줄이자는 것이었다. 얼굴이 붉어져 기어이 나는 두 곡을 다 불러야겠다고 으름장을 놓았다. 솔로 무대가 끝나고 박수갈채를 받았다. 몇몇 분은 기립 박수를 주기도 했다. 이후 무대를 녹화한 동영상을 보며 한동안 멍해 있었다. 쥐구멍이라도 찾아 들어가고 싶은 심정이었다. '아…. 이래서 내가 노래를 한 곡만 했으면 했구나….' 노래가 끝난 후 이어진 박수갈채는 아마도 연민의 감정에서 끌어 나온 것이지 않았을까 싶다. 그야말로 안타까운 격려의 박수였다.

3학년이 되어서는 사회자를 맡겠다고 나섰다. 어렸을 때부터 성당에서 주례를 보고 나면 항상 칭찬을 받아왔기에 가장 자신 있는 부분이었다. 한번은 한국어로 한번은 일본어로 통역하며 그동안 갈고 닦은 일본어 실력도 뽐내었다. 1학년 1학기 첫 일본어 시험에서 D를 받고 교수님의 양해로 재시험을 치렀었다. 다들 제2외국어로 배웠던 과목을 나만 태어나서 처음 접하는 언어였다. 더디지만 먼저 알았던 친구들만큼 능력치를 끌어올렸다는 자부심을 느꼈다. 이번에는 교수님도, 관중들도 진심 어린 칭찬을 해주는 듯했다.

다이어트를 핑계로 유행하는 운동은 다 한 번씩 시도해 봤다. 수영, 스쿼시, 요가, 스피닝, 줌바, 점핑 다이어트 등등 도전했지만, 꾸준히 지금까지 하는 운동은 없다. 수영은 수영복을 입고 벗고 하는 시간이 번거로워서 패스, 스쿼시는 라켓 쥐는 힘이 너무 부족해서 패스, 요가는 마땅히 주변에 갈 만한 곳이 없어서 패스, 줌바는 워낙에 몸치라 아무리 단순한 동작이라고 하다 보면 나 자신이 좀 초라해 보여서 패스, 점핑 다이어트는 주인이 맘에 안 들어서 패스다.

하지 못하는 이유를 적으면 A4 몇 장이라도 부족할 만큼 이유가 많다. 외모에 집착하던 20대에는 하루에 3~4시간씩 피트니스 센터에서 살다시피 몸을 가꾸었는데, 애를 둘 낳고 나니 걷는 것조차도 귀찮아 아파트 단지 안에서도 차를 끌고 다닌다. 둘째를 낳고는 몇 년 동안 아랫배에 힘이 들어가지 않아 힘들었다. 산후조리원에서 있는 2주 동안 걸음을 못 걸어 벽을 붙잡고 다리를 질질 끌며 이동했었다. 다행히 걸어서 퇴원할 수는 있었지만, 몸이 예전 같지는 않았다.

친구가 기구 필라테스를 추천해 주었다. 본인도 비슷한 경험이 있는데 이 운동이 무척 도움이 되었다고 한다. 몇 달째 마음만 먹고 있다 마침 저렴한 가격에 신규 회원을 모집하는 곳을 가게 되었다. 최첨단 시설이었다. 기구마다 그 앞에는 모니터가 놓여 있었다. 모니터에는 등급별 모든 운동 동작이 입력되어 있고 운동하는 사람들은 매번 본인이 원하는 운동을 클릭해서 화면을 보고 따라하는 것이었다. 코치 한 명이 원으로 돌아가면서 회원에게 부분부분 코치하는 시스템이었다. 어쩐지 다른 데보다 가격이 저렴하더라니 싶었다. 개별 코치가 좀 부족한 부분은 있지만 직접 운동 동작을 고르는 매력은 있었다.

첫날은 아주 단순한 기본 동작을 했다. 아랫배와 엉덩이에 전혀 힘이 들어가지 않는 나를 보고 코치는 이완운동을 우선으로 해야 한다는 조언을 했다. 다음 날, 엉덩이의 힘을 키우고 싶은 욕심에 엎드린 채 엉덩이부터 발끝까지를 들어 올리는 동작에 도전했다. 도구 위에 엎드려 두 팔을 아래로 내렸다 올렸다를 동시에 반복하는데 엉덩이보다는 허리에 힘이 들어갔다. 코치는 나를 보고, 허리에 힘이 더 들어가는 것 같다며 엉덩이에 힘을 주지 않으면 안 된다 조언했다. 그리고는 조금 단순한 다른 동작을 추천했다. 그런데도 다음 날 나는 또 그 기구를 사용했다. 전혀 동작이 되지 않는 나를 보고 웃지만 강한 어조로 말했다. "회원님은 아직 이 기구를 사용하기에는 무리가 있어요. 이완동작 연습을 더 많이 해야 허리에 무리가 없어요. 어제 제가 말씀드린 것 같은데요…." 정확한 일침이었다. 그야말로 똥고집이다. 고의는 아니다. 그런데도 나는 왜 그렇게 행동하는 것일까…? 듣고도 못 들은 척 안 들은 척.

모든 일에는 단계가 있다. 한 걸음 한 걸음씩 밟아나가야 무리가 없다. 그 단계에서 필요한 지식과 능력치를 습득하고서야 비로소 다음 단계에서 원활하게 일을 진행할 수 있다. 이론을 알고 있음에도 몸은 늘 자기 멋대로다. 보다 객관적으로 본인의 수준을 파악하고 점차 역량을 늘려나가야 하는데 욕심이 앞섰다. 1단계는 무료하다. 재미가 없다. 너무 쉽다. 정작 1단계도 제대로 못 하는 주제에 2단계 3단계를 넘본다. 어찌어찌해서 그 위 단계를 꿰차게 되면 구멍이 느껴진다. 그때야 좀 잘 배워둘 걸 후회를 한다. 이미 늦어버렸다. 늦었다 생각할 때가 그나마 빠를 때일지도 모른다. 몹쓸 자존심 때문에 미루고 또 미룬다. 결국 시기를 놓쳐 나이는 든다. 내가 이만큼 살았는데, 내가 다른 경험은 더 많은데, 어디에서든 굽히기는 싫고 대접은 받고 싶다. 어쩜 내 인생은 이럴까. 항상 나를 과대평가하는 게 문제다. 종로에서 뺨 맞고 한강에서 눈 흘기는 것과 무엇이 다른가. 언제부터인가 피해의식에 젖어 있었다. '나는 이 정도는 받을 자격이 있어. 이거라도 챙겨야지.' 내 의지와는 무관하게 처해 버린 상황에서 나는 보다 객관적으로 나 자신을 분석하고 나에게 맞는 전략을 세워야 했다. 그리고 무엇보다 한 발 한 발 천천히 밟고 올라서는 용기가 필요했다.

chapter 5

꿈꾸는 이들을 위하여

하루하루 갚지게

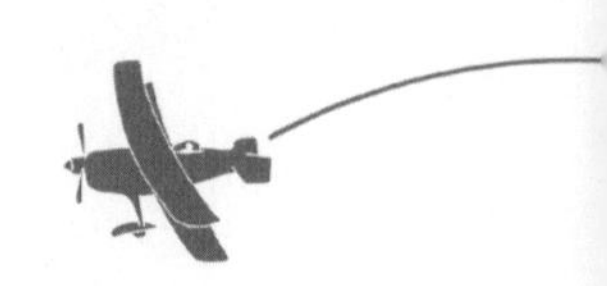

1년 더 공부하면 서울대에 갈 것 같았지만, 1년의 세월이 주어진다 한들 겨우 200점 넘는 점수를 받던 내가 400점 만점을 받을 턱이 없었다. 공부를 그렇게 좋아하지도 않았다. 자리에만 앉으면 계획을 세우고 노트 정리하다 본격적으로 공부를 시작하려면 꼭 잠은 쏟아졌다.

집합 1장만 공부하고 시험을 봤다. 시험 범위의 뒷부분은 쳐다보지도 못했다. 누구의 도움도 받지 않고 혼자 해 보리라 결심했지만 오래가지 못했다.

1년의 반이 훌랑 지나고서야 재수생 전문 학원을 등록했다. 참 근면 성실한 학생이었다. 땡땡이 한번 친 적 없고, 수업시간에는 항상 열심히 받아적었다. 아무리 졸음이 밀려와도 허벅지를 꼬집어가며 잠을 깨웠다. 그런데도 어떻게 그 시간을 보냈는지 기억이 나질 않는다. 눈은 뜨고 있고 온통 관심은 집중되어 있었지만, 시간이 가기만을 학수고대했던 것 같다.

두 번째 수능 시험 점수가 나왔다. 지난해와 별반 다르지 않은 점수다. 이럴 거면 왜 1년을 낭비했나 후회스럽기도 하지만 이미 돌릴 수 없는 과거이다. 시내에 있는 사립대 한 곳과 근교에 있는 국립대 한곳에 겨우 합격했다. 썩 마음에 들지 않는 결과이지만 1년 더 이런 생활을 할 자신이 없었다.

IMF로 3명이었던 점원은 한 명도 남지 않았다. 아침부터 밤늦도록 엄마와 아빠는 판매부터 영업 관리, 재고관리까지 도맡는 멀티플레이어가 되어 있었지만, 살림살이는 나아지지 않았다. 가정 형편을 고려해 근교 국립대에 입학했고 1학년 1학기가 지나도 여유가 없어 학자금 대출을 받았다. 지방 국립대 학비는 100만 원 고작 넘은 부담스럽지 않은 금액이었지만 부모님에게는 그 여유조차 없었다. 은행에 대출 관련 최종 승인 서명을 하고 온 날 마시지도 못하는 소주를 한 병이나 들이켰다. 처음으로 술로 떡이 되어 들어온 나를 보고 아버지는 눈시울이 붉어지셨다. 침대에 뻗어 드러누운 내게 살짝 이불을 덮어주며 말없이 문을 닫고 나가시는 뒷모습이 유난히 무겁게 느껴졌다.

기를 쓰고 공부했다. 장학금이라도 받아 부모님의 부담을 덜어드리고 싶었다. 한 번 빼고는 장학금을 놓치지 않았다. 그 한 번이 내 발목을 잡았다. 학교생활을 열심히 하기는 했지만, 마음은 늘 콩

밭에 가 있었다. 한일 월드컵 당시 자원봉사를 한답시고 학교생활을 등한시한 것이 최고의 정점을 찍어버렸다. 늘 A만 받던 성적표에 C와 D가 찍혀 최악의 점수를 기록했다. 설상가상으로 학과 내 교환 학생을 뽑는 시험에서 직전 학기 자격 점수 미달로 불합격을 했다. 평소에 나를 아끼던 교수님들도 생각보다 낮은 내 학점에 실망이 크신 눈치였다. 처음부터 높은 점수를 받지는 않았지만, 꾸준히 중상위권을 유지하던 동기가 기회를 얻어 1년 동안 국비 연수를 떠나게 되었다. 마치 토끼와 거북이의 경주와 같았다. 별 무리 없을 것이라 안주하며 방관하던 순간 크게 한 대 얻어 맞은 듯했다.

잠시 방황하다 새로운 꿈을 안고 상경했다. 유학의 길을 포기하고 최대한 빨리 취업하자 마음먹었다. 주말도 없이 영어학원에 출근해 면접 노트를 정리했다. 정리한 내용을 바탕으로 질의응답하며 스터디를 진행했다. 외국 항공사 질문에는 업무에 관한 질문이 많이 나왔다. 책상에 앉아 노트 정리만 하던 나는 아무리 영어 공부를 해도 그럴싸한 답변을 지어내기 힘들었다. 지어내려고만 해서 힘들었다. 그들이 원하는 대답은 도서관에서 만들어진 내 작문 실력이 아니라 현장에서 배운 실용적 감각이었다.

홍콩의 한 항공사 최종 면접장에 들어선 순간 면접관은 호감 있는 눈빛으로 나를 바라보았다. 30분가량 되는 인터뷰에서 나는 계속 두리뭉실한 답변만 늘어놓았다. 점점 광채를 잃어 가는 면접관의 눈빛에 '떨어졌다.' 확신이 온 순간 마른 침이 넘어가는 소리가 정적을 깨뜨렸다. 어색한 인사를 뒤로하고 다시 기회는 없었다.

넘어지고 깨져도 오뚝이처럼 다시 일어났다. 기대한 꿈이 좌절되고 상처도 입었지만 이내 다른 꿈을 가슴에 품고 두근거리는 하루하루를 살았다. 그 열정이 나를 숨 쉬게 했다. 꿈이 있어야 했다. 우리는 꿈을 가져야 한다. 단, 철저한 자기 분석을 바탕으로 한 실현 가능한 꿈을 꾸어야 한다.

꿈은 단순히 명사로만 정의될 수는 없다. 내 꿈은 항상 명사였다. 비행기 승무원, 선생님, 강사, 교수…. 내가 진정 원하는 것이 무엇인지 다시 묻고 생각나는 모든 것을 빈 종이에 적어보자.

나는 무대에 서고 싶다. 사람들 앞에 서고 싶었다. 관중의 박수를 받고 싶었다. 그들을 긍정적인 방향으로 동요시키고 싶었다. 보잘것없던 나도 원하는 바를 쟁취했으니, 당신들도 분명 할 수 있다.

용기를 주는 사람이 되고 싶다. 조직 생활을 하며 겪은 좌충우돌 경험을 통해 지도력의 중요함을 일깨워주고 싶다. 자신을 이끄는 힘의 중요성을 알리고 싶다. 조직의 리더로서 갖추어야 할 면모를 알려주고 싶다. 우리는 늘 완벽하지 않은 존재이기에 연습하고 훈련받으면 분명 성장할 수 있다. 확신을 주고 싶다.

먼 미래의 최종 목표를 명확히 설정하고 지금의 시점에서 줄을 그어보자. 살면서 의도치 않은 상황을 만나고, 온갖 유혹에 시달리게 되어도 정신을 차리면 잠깐 벗어났던 그 줄에 다시 돌아갈 수 있다. 실패를 거듭하면 거듭할수록 고뇌를 이겨내는 탄성은 강해진다. 비록 과거로부터 지금을 거쳐 미래로 가는 인생이라는 여정이 직선이 아니어도 괜찮다. 최종 목적지만 정확하다면 잠시 길을 잃을지라도 곧 내 자리를 찾을 수 있다. 내가 숨 쉬는 순간순간이 매우 소중해 매 순간 최선을 다하지 않을 수 없다. 온 힘을 다해 전력투구할 수밖에 없다. 전력투구하면서도 그 과정에서 자신의 소중함을 느끼고 살아있음을 행복으로 느끼게 된다.

지금 나는 또 새로운 꿈을 꾸고 있다. 취업준비와 창업 준비하며 몸소 겪은 실패담과 비결을 바탕으로 청춘을 응원하고 있다. 10년 후에는 리더십 분야의 전문가가 되어 자신을 이끄는 리더십과 조직을 이끄는 리더십에 대해 영어로 강의할 꿈을 갖고 있다. 여전히 부족한 영어 수준이지만 꾸준히 끈을 놓치지 않고 이어왔더니 외국유학 한 번 다녀오지 않고도 그들과 견줄 만한 능력을 갖추게 되었다. 미래의 비전과 목표가 있기에 오늘의 한순간도 헛되이 보낼 수가 없다.

지금까지 살아온 것처럼 하루하루를 값지게 이어나간다면 분명 내일의 나는 더욱 성장하고 발전해 있을 것을 확신한다. 단, 이제는 절대 책상 앞에만 앉아 탁상공론으로 시간을 낭비하지는 않을 것이다. 현장의 공기를 느끼며 다시 20대의 열기를 되찾을 것이다. 보다 격정적으로 꿈을 향해 달려갈 것이다.

열심히 달리는 나에게

20대와 30대에는 앞만 보고 달렸다. 항상 지각 인생이란 자책감이 감사한 순간까지도 마음 편히 쉬어보질 못하게 했다. 잠깐의 여유는 왠지 불편하고 부담스러웠다. 왠지 마음이 불안해서 끊임없이 일거리를 찾아 헤맸다. 열심히 달리는 것에 익숙해진 나를 보면 스스로 이야기한다.

'괜찮아, 괜찮아, 천천히 가도 괜찮아. 괜찮아, 괜찮아, 조금 늦어도 괜찮아. 넌 충분히 잘 해내고 있어.'

조용히 반복되는 한 마디 한 마디가 지긋이 아팠던 마음을 어루만지고 나도 모르게 눈물이 주르륵 흐른다.

멈추면 안 된다고 생각했다. 무엇도 제대로 해내지 못하는 나 자신이 미웠다. 더 잘 하고 싶었다. 인정받고 싶었다. 잘했다고 칭찬받고 싶었다. 열심히 달리기만 하면 보상받을 수 있고, 그만큼 보상받아야 한다 생각했다. 기대를 너무 많이 했다. 기대가 크면 실망도 큰 법인데. 실망은 불만으로 바뀌고, 불만은 세상에 대한 분노로 바뀌었다. 스스로 먼저 말했어야 한다.

'괜찮아, 괜찮아. 네가 미워서 그런 게 아니야. 네가 잘못해서 그런 게 아니야. 괜찮아, 괜찮아, 괜찮아.'

왜 나는 그토록 자신을 채찍질하며 달리게만 했을까. 빡빡하게 짜인 시간표 안에서 허덕이는 나를 보며 스스로 왠지 모를 희열을 느꼈다. 인생은 긴 마라톤과 같다. 멀리 내다보고 내 상황에 맞게 페이스를 조절해야 했다. 일이 안 되는 시기에는 별수를 다 써도 뒤틀렸다.

의외로 기대하지 않았는데 일이 술술 풀리는 시기도 있었고, 좋은 일이 유난히 이어지는 때도 있었다. 달리는데 에너지를 너무 빨리 소진해버려 정작 좋은 일을 경험하지 못한 건 아닐까. 지칠 대로 지쳐버려 작은 성공의 즐거움은 미처 발견하지 못하는 어리석은 시절도 있었다.

열심히 사는 것도 좋다. 그러나 열심히만 살아보니, 열심히 살았다는 것이 잘 살았다는 말은 아닌 듯하다. 항상 열심히 살아왔다고 자부하며 살았다. 직장에서는 아무리 열심히 해도, 일 잘하는 사람이 인정받았다. 잘 하는 게 무엇보다 중요하다. 잘 하는 것은 나를 아는 것이다. 나를 믿는 것이다. 그 믿음은 확신을 주고, 그것은 곧 삶에 대한 자신감이 된다. 자신을 제대로 아는 것, 자신을 믿는 용기와 자기 효능감이 필요하다.

잠시 멈추어 숨을 고를 수는 있다. 그러나 멈추어 있는 중에도 발은 구르고 있어야 한다. 눈은 깨어 있고, 고개는 탐색해야 한다. 내가 원하는 최종 목표에 도달하기 위해 지금 시점에서의 제일 나은 방법을 물색해야 한다. 어제 탐색한 방법과 그때 내린 선택과 결정은 변할 수 있다.

최종 목표를 달성하는데 부합하지 않는 경로임을 알게 된다면 즉시 바른 옵션을 선택해야 한다. 나는 그동안 들인 돈과 노력이 아까웠다. 혹시 모른다는 기대와 희망이 있었다. 나도 내가 무엇을 원하는지 명확하지 않았다.

누군가 답을 내려주기만을 찾아 헤맸다. 누구나 잘못된 판단을 할 수 있다. 그것이 내 길이 아님을 인지하는 것이 무엇보다 중요하고, 인지한 즉시 행동에 옮기는 그것이 중요하다. 갈팡질팡하는 사이 우리의 인생은 낭비된다. 15년의 세월을 멀리 돌아왔다. 지금 알게 된 것을 조금 일찍 알게 되었다면 내 분야의 전문가가 되어 있지 않을까.

최악이라 여겨지는 상황에서 기회를 살펴보자. 재수를 한 탓에 1년 늦게 대학생활을 시작했지만, 3수에 도전하지 않아 그 친구들보다는 1년 일찍 대학 생활을 마칠 수 있었다. 동갑네기 친구들보다는 늦게 대학에 들어갔지만 그 덕에 더 열정적으로 시간을 활용할 수 있었다. 생계를 유지하기 위해 매일 울며 출근하던 첫 직장에서의 근무 경험덕에 다음 직장에 입사하기 위한 면접에서 더 구체적이고 진정성 있는 답변을 할 수 있었다. 파업 때문에 청춘의 가장 아름다웠던 시절을 낭비했다 생각했지만, 존재의 의미와 가치에 대해 고민할 수 있는 기회를 가질 수 있어 참 다행이었다.

매 순간 더 나은 길을 물색하다 보니 새로운 세상이 보였다. 더 빨리 이 세계를 알았더라면 인생의 낭비를 줄였을 텐데, 땅을 치며 후회한 적도 있다. 컴퓨터를 다루는 일, 엑셀 작업을 하는 일, 엑셀로 어려운 수식을 걸어 문서를 처리하는 일 등 애초에 나는 할 수 없는 일이라 치부해버렸다. 회사생활을 하며 이 모든 것을 해야 하는 상황에 부닥치고, 눈물을 흘리며 아등바등 살기 위해 발버둥쳤다.

어느새 문서를 작성하는 힘은 또 하나의 강점이 되어 있었다. 문장의 점 하나, 줄 하나에 집착해서 수십 차례 결재 서명을 해 주지 않는 상사를 여럿 만났었다. 당시에는 피가 거꾸로 솟고, 도대체 왜 저런 중요하지 않은 것에 내 시간과 체력을 소진해야 하나 이해가 되지 않았다.

그때 배운 얕은 지식은 아주 기본적인 지식의 근간이 되어 있다. 너무도 부족했던 나였음에도 불구하고, 내가 하는 생각과 행동은 모두 맞는다는 엉뚱한 논리 아래 삶을 이어나갔다. 누군가 건설적인 조언을 해주면, 반발심이 먼저 들었다. 그러나 행하지 않으면 안 되는 상황임을 받아들이고, 그 시간을 버티어냈더니 어느 것 하나

버릴 것 없는 재산이 되었다.

멀리 돌아갔지만 여기까지 와서 참 다행이다. 길을 잃었었지만 내 길을 찾아서 다행이다. 감사하다.

적당한 시기에 결혼해서 다행이다. 감사하게도 아기천사가 둘이나 우리 가정에 와 줘서 감사하다. 아이를 키우면 마치 거울을 보는 것처럼 내가 보인다. 나 자신을 반성할 계기가 되어 감사하다. 부모는 강한 소리를 하는 사람이 아니라 옳은 소리를 하는 사람이라는 철학을 생각하게 해주어 감사하다. 이 아이들이 바른 인격으로 성장할 수 있는 지도자 역할을 할 수 있어 감사하다. 감사하다, 감사하다 생각하니 미움의 감정도 사그라지고, 원망의 마음도 지워졌다. 다른 시각과 관점으로 모든 상황과 사물을 보게 된다. 더욱 긍정적인 눈으로 세상을 대하게 된다.

매 순간, 어떤 상황에서도 신이 나를 이곳에 던져 놓은 이유가 있을 것이라고 생각한다. 일어날 일은 결국 일어나고야 만다. 전력투구하여 방책을 찾았다. 시행착오가 많았다. 비슷한 상황은 꼭 또 일어난다. 다음에 만난 상황에서는 과거의 실수를 조금은 무마했다. 완벽하지는 않았다. 잊어버릴 때쯤, 또 나는 비슷한 상황에 부닥친다. 이번에도 완벽하지는 않지만, 이전의 실수를 조금은 무마한 듯싶다. 이러한 상황과 나의 해결 경험이 쌓이다 보니 연륜이 되었다. 이제 비슷한 상황이 닥칠 듯하면 일어나기 전 묘한 느낌이 든다. 비슷한 상황에서 또한 완벽하지 않을 나 자신을 알고, 상처받을 것을 알기에 미리 대처해 본다. 어떠한 순간도 의미 없이 생기거나 지나가지는 않았다.

'잘했다, 잘했다. 이 정도도 잘 했다. 다음에 더 잘하면 된다. 잘했다. 잘했다. 토닥토닥 잘 했다.'

자신을 다독이고, 〈나를 위한 응원〉으로 나의 마음을 어루만져 본다.

나를 위한 응원

나는 잘 살고 있습니까?

나는 진정 잘 살고 있습니까?

좋습니다.

괜찮습니다.

잘 살고 있습니다.

사는 데 정답이 있겠습니까.

이 정도면 충분히 잘 해내고 있습니다.

나는 잘 살고 있습니다.

나는 진정 잘 살고 있습니다.

삶을 포기하지 않고 지금까지 살고 있어 다행이다. 숨을 쉬고 있는 지금 건강을 지키고 있어서 감사하다.

내 아이들을 향한 책임을 거부하지 않아 다행이다. 부족하지만 나를 세상의 유일한 안식처로 인정해주는 아이들에게 감사하다. 천방지축 좌충우돌 지극히 나 중심의 선택과 결정으로 삶을 끌어왔음에도 불평 한 번 하지 않는 남편에게 감사하다. 아프지 않고 건강하게 내 옆을 지켜주는 가족들에게 감사하다.

"그동안 고생하셨어요, 감사합니다."

전할 수 있는 엄마와 아빠가 살아계셔서 다행이다.

묵묵히 지켜봐 주고 옆을 지켜주는 든든한 나의 남자를 낳아주신 부모님께 역시 감사하다.

늘 같은 고민을 털어놓아도 처음 듣는 것처럼 들어주고 조언해 주는 언니가 있어 감사하다.

자주 연락하지는 못하지만 든든한 장남인 오빠도 건강해서 다행이다.

내 안의 모든 것들이 감사하다. 나와 관계된 모든 분께 감사하다. 살아있음이 감사하다. 이것이라도 다행이다. 모든 상황이 감사하다. 매 순간을 긍정적으로 생각하니 다시 일어설 용기가 났다. 다시 살아야겠다는 힘이 생겼다.

쉬운
길은 없다

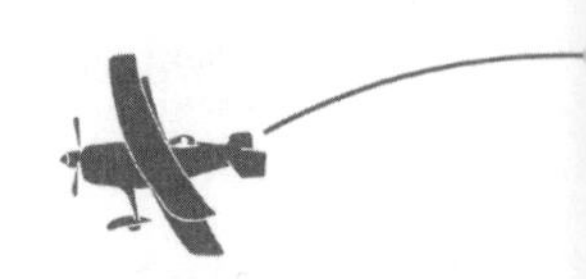

오랜 시간 승무원이라는 직업을 꿈꾸고 준비했다. 단순히 손님에게 무료로 음료를 나누어주고, 여행길 내내 눈 맞춤과 미소 전달만 하면 되는 줄 알았다. 드디어 제대로 된 회사에서 제대로 된 일을 하겠구나 기대했었다.

정도를 걷지 않았을 때 꼭 들통이 나는 내 성격상 다른 부정의 방법은 상상하지도 못했다. 현장에 투입이 되고, 정체성의 혼란이 왔다. 나는 공안인가, 경찰인가. 열차가 출발하자마자 누군가 눈이 마주쳤다. 애써 내 시선을 피하고 나와는 다른 방향으로 발길을 돌리는 그를 보았다. 수상한 느낌이 들어 평소의 루트와는 반대 방향으로 좌석 확인을 해가며 그를 찾았다. 18호 차까지 가 보았지만 보이지 않았다.

다음 정차역 전까지 20분의 시간이 남았다. 다시 한 번 왔던 길을 거슬러 올라가며 꼼꼼히 확인해 본다. 조금 전에도 사용 중이었던 화장실이 여전히 굳게 잠겨 있다. 손님들이 하나둘 그 앞에 줄을 선다. 문을 두드려 보기도 하고 발로 쾅쾅 차기도 하지만 묵묵부답이다. 혹시나 끔찍한 일이 벌어진 건 아닌지 심장이 철렁 내려앉았다. 급히 비상 열쇠로 문을 여는 순간, 안간힘을 다해 문을 부여잡고 있다. '아. 사람이 죽진 않았구나.' 안도의 한숨은 잠깐이다. 무슨 사연이 있길래 좁고 냄새나는 화장실에 쭈그려 앉아 한참을 있었을까. 승차권이 없다. 무임승차다.

승차권을 사지 않고 열차에 탄 채 사전 신고를 하지 않은 사람은 부과금을 부과해야 한다. 기본금에 최소 0.5배에서 10배까지 승무원이 상황에 따라 부과금을 측정할 수 있다. 100원도 아까워 공짜로 타고 가려는 사람들에게는 최소 부과금인 0.5배를 받는 것조차 어려운 일이었다.

타이트한 치마 유니폼을 입고 얼굴은 곱게 화장을 한 채 미소를 날리며 부과금을 징수하면, '제가 큰 죄를 지었습니다. 죄를 지은 만큼 벌을 받겠습니다. 그 벌로 부과금을 이만큼 내겠습니다.' 웃으며 순순히 돈을 내는 손님은 어디에도 없었다.

도망을 가는 손님 때문에 400미터나 되는 긴 열차 안에서 손님과 '꼬리잡기'를 하기도 했다. 괘씸하고 분한 사심이 섞여 부가금 10배를 적용했다. 그의 눈에도 분노가, 나의 눈에도 분노가 이글거렸다. 해야 할 일을 했음에도 불구하고, 그들은 나를 비난했다. 웃으면서 살살 달래도 보고, 애교로 슬슬 녹여 보기도 했다. 강한 눈빛과 강렬한 어조로 말했을 때, 그들의 지갑은 열렸다. 어떤 사람은 손님들이 다 내리고 종착 순회를 할 때까지 기다렸다가 나를 위협하기도 했다. 집에 가는 길이 두려워졌다. 손님들에게 웃는 모습만 보여주고 싶었다. 검표하며 뻔히 부정한 방법으로 승차한 게 눈에 보이는 날도 모른 채 넘겼다.

차내 수익금이 줄어들자 회사에서는 압박이 들어왔다. 서울에서 부산까지 가는 두 시간 반 동안 발바닥에 땀이 나도록 고객서비스를 해도 나는 일을 안 하는 승무원이었다. 매달 차내 수익금이 많은 순서가 공개되었다. 1등부터 3등까지는 포상을 받았고, 능력자로 인정되었다. 부과금 징수를 많이 하는 사람은 일 잘 하는 사람으로 인식되었고, 나이와 기수와 관계없이 빠른 승진을 했다. 합리적이지 않다 생각했다. 나의 본분은 무엇인가 끊임없이 고뇌하고 스스로 물었다.

호텔에서 훈련 매니저로 근무하게 되었다. 말 그대로 전 직원의 교육과 직무 훈련을 담당하는 일이 주요 임무였다. 예상하지 못했던 일은 항상 발생한다. 신규로 오픈하는 호텔에 소유주는 적극적으로 투자하지 않았다. 운영을 위한 근무 인원은 늘 부족했다.

400명 규모의 연회 행사가 있는 날이면 주방 뒤편에서 손님들에게 나갈 음식을 준비해야 했다. 생연어를 말아 애피타이저를 준비하고, 스테이크를 얹고, 후식을 장식했다. 어느 날은 방에서 직접 그릇을 치우고 새로 나온 음식을 서빙했다. 우리 사무실은 직접 쓸고 닦아야 했다. 직원들 단합대회가 있을 때는 프로그램을 기획하고 준비물을 챙기는 등 A부터 Z까지 직접 행사를 진행했다. 채용박람회에 참가하기 위해 수레에 패널과 홍보물을 잔뜩 싣고 건너편 컨벤션센터까지 직접 이동했다. 부스를 직접 꾸미고 우리 호텔을 지원하고자 하는 지원자의 서류를 검토하고 피드백 해주었다.

본사에서 전달받은 문서는 직원에게 전달하기 위해 번역하는 업무도 해야 했다. 가끔은 통역관으로 서기도 했다. 사내 자판기에 직접 음료수를 채워 넣기도 했다. 그야말로 멀티플레이어였다. 본업에 집중하고 능력을 인정받아야 하는데 의외로 소모되는 시간이 너무 많았다. 불필요한 업무 과다로 체력은 고갈되었다.

좋아하는 일, 잘하는 일로 내 일을 만들고 싶었다. 능력치를 최대로 끌어올려 본업으로 인정받고 싶었지만 자는 시간을 줄여도 다른 업무를 쳐내야 했다. 시간이 지나자 지칠 대로 지쳐버려 잠시 쉬고 싶었다.

일을 그만두고 쉬던 중 우연히 모 자동차 회사의 경력직 공채에 '의전직' 채용공고를 보았다. 2002 월드컵에서도 VIP 의전 경험이 있고, KTX 승무원으로 근무했을 때에도 VIP 의전팀으로 활동한 경력이 있었기에 자신 있게 지원했다. 힘들이지 않고 쉽게 쉬면서 일할 수 있을 것 같았다.

주요 업무는 VIP뿐 아니라 방문객을 대상으로 회사 소개와 공정

설명을 하고 내부 투어를 책임지는 일이었다. 사람들 앞에서 발표하는 일은 나에게 누워서 떡 먹기만큼 쉬운 일이다. 기대 이상으로 많은 연봉을 제시받았기에 매우 흡족하게 일을 시작했다. 이곳에서 역시 예상하지 않은 일은 일어났다.

갑자기 들이닥친 감사팀 덕분에 며칠 동안 밤을 새워 내가 하지 않은 업무에 대한 감사 보고서를 만들어야 했다. 얼마 지나지 않아 사내 동호회를 관리하는 업무까지 떠맡았다. 매달 몇 십 개나 되는 동호회에 가입된 몇 천 명의 직원들을 분류 작업했다. 동호회마다 다르게 책정된 회비를 월 급여에서 자동 인출되게 했다. 엑셀 작업을 하며 복잡한 수식을 적용하는 일은 매번 머리를 하얗게 질리게 했다.

상공회의소 인력개발원에서 취업준비생을 대상으로 직업기초능력과 인성, 진로 분야 강의를 했다. 전임으로 근무하며 학생 상담도 주업무로 약속되었다. 본인의 진로 설정에 관한 상담과 취업준비 과정에서의 상담을 기대했다. 그쪽 분야에서는 충분히 배경지식과 경험이 있기에 도움을 줄 수 있을 것이라 확신했지만 언제나 그랬듯 내가 원하는 업무만은 할 수 없었다. 수업준비와 상담업무에도 시간을 쪼개기가 빠듯한데, 홍보 업무까지 주어졌다. 새로 개설하는 과정을 홍보하기 위해 잠재 고객에게 전화를 걸어 텔레마케팅까지 해야 했다. 교육자로서 자존심이 상했다. 본업을 내팽개치고 다른 업무에 치중해야 했다.

내가 원하는 시간과 장소에서 내 일자리를 잡기 위해 창업을 했다. 몇 년 동안 마음으로만 품고 있었던 사업자 등록은 생각보다 간단했다. 그것만 간단했다. 아무것도 하지 않는 나를 불러주는 사람도 업체도 없었다. 나라장터에서 자신 있는 입찰 공고를 보아도 이전 실적이 없어 지원조차 못 했다. 내가 원하는 입찰 공고를 따내기 위해 기본 실적을 갖추기 위해서는 직접 기관을 유치하거나 고객을 유치해야 했다. 그동안 싫다고 피하거나 미루어 왔던 일이 결국 내 일이 되었다. 좋아하는 일만은 할 수 없는 것이 현실이었다. 원하는 바를 쟁취하기 위해서는 어느 정도 양보와 희생이 필요했다. 과거에 불평불만하며 건너뛰었던 일들이 나중에 꼭 발목을 잡았다.

'그때 잘 좀 해둘걸….'

후회해도 이미 늦은 뒤다. 열심히 살아왔다고 자부했지만, 정작 나는 쉽고 편한 길만 꿈꾸며 살아온 듯하다. 쉬운 길은 없다. 편한 길도 없다. 이제는 쉽고 편한 길은 의심해본다.

약간 도전적이지만 비전 있는 길을 선택한다. 당장 내일 얻을 달콤함은 뒤로하고 10년 후와 20년 후, 그리고 100세까지의 유효성에 중점을 둔다. 인생을 길게 두고 지금의 시점을 분석하니 내가 가야 할 방향과 그것을 위한 선택의 폭이 좁혀졌다.

기적을 낳는 끈기

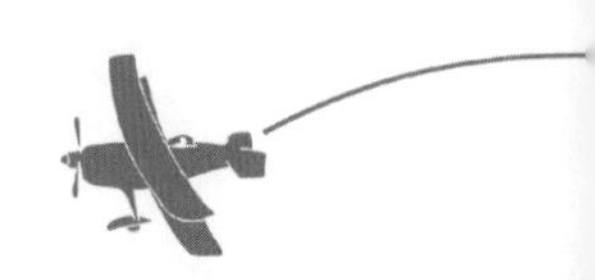

마음먹은 일은 꼭 이루었고 해야겠다고 생각하면 반드시 이루고 말았다. 그러나 좌절의 늪에 빠져 허우적거리며 헤어나오지 못하기도 실패를 거듭하기도 했다. 최선을 다했음에도 불구하고 이루지 못하자 자신을 비관하고, 세상을 비난했다. 도대체 "끝까지 하면 된다, 꿈은 이루어진다."라는 말의 의미를 과연 언제 맛볼 수 있을까?

매일 아침 딸아이의 등원 버스를 기다리며 같은 반 친구를 만난다. 첫눈에 호감이 생겨 이것저것 물어보며 친분을 쌓았다. 나보다 한 살 많은 언니인데 나와 비슷한 시기에 취업했다. 내가 한참 취업 재수를 하고 있을 무렵, 이 언니는 내가 갈망하던 중동의 대표 항공사의 승무원이 되어 7년을 일했다고 한다. 한국에 들어와 결혼하고 바로 아이를 갖고 지금은 일을 그만둔 지 8년이 되었다.

또 다른 엄마도 첫째 아이가 우리 첫째랑 나이가 같았다. 그 엄마 역시 대한항공 승무원으로 7년을 일하고 퇴직한 후 전업주부를 하고 있다. 내가 가장 갈망하던 일이었다. 나는 일차적으로 항공사 승무원 경력이 있으면 그다음 무엇이든지 일이 술술 풀릴 줄 알았다. 부러운 경력을 가지고도 집에서 육아에만 전념하고 있는 그들을 보며 잃어버렸던 자신감이 조금씩 되찾아졌다.

비록 비행기 승무원이 되지는 못했지만, 꾸준히 나만의 경력을 유지하고 관리해왔다. 조금 멀리 돌아오기는 했지만 지금 내가 해야 할 일이 무엇인지 잘 알고 있고, 하고 싶은 일과 가치 있는 일의 중첩 부분을 완성했다. 나는 여전히 움직이고 있으며 전진하고 있다.

지속성이 답이었다. 나의 끈기가 나를 성공으로 이끌어왔고 앞으로의 밝을 미래로 이끌 것이라는 확신이 생겼다. 과거의 삶을 부정하지 말자 마음을 고쳐먹으니 한결 마음이 편안해졌다. 분명히 연결고리가 있을 것이다. 그 연결고리가 내가 진정 원하는 무엇일 것이다. 시행착오가 있었을지라도 분명 이어지는 무언가가 있을 것이다. 그것이 내가 좋아하는 무엇이고 나를 살아가게 하는 힘이었다.

KTX 승무원으로 일하면서 좋았던 것은 무엇일까? 입사하는 후배들이 늘어나며 교육할 기회를 얻었다. 신입사원들이 입사 교육을 마친 뒤 개인 밀착 훈련을 시키며 교육 분야의 매력을 느꼈다. 그 순간 나는 선생님이었고, 새로운 기회를 보았다. 일하면서 빈번히 발생할 수 있는 사례를 미리 알려주고 점차 성장해가는 후배의 모습을 보고 뿌듯함을 느꼈다. VIP 의전팀 내에서 영어 강의를 할 기회가 주어졌고 내가 가진 경험과 지식을 기반으로 전달한 내용이 누군가에게 도움이 된다는 사실이 행복했다.

호텔에서는 무슨 일을 했을까? 그리고 어떤 업무가 가장 즐거웠을까? 고객서비스, 불만 고객 응대, 직장 예절, 전화응대 예절, 기업 이념과 브랜드가 추구하는 개념 교육, 관리자 지도력 향상, 사내강사 양성 과정 운영, 산업 안전 보건 교육, 화재 예방 교육 등 호텔 운영과 고객서비스를 위한 A부터 Z까지 모든 교육 업무를 기획하고 진행했다.

교육 운영 업무뿐 아니라, 전 사원 경력개발프로그램 진행, 호텔 종사자 체험행사 기획 및 진행, 지역사회 후원 프로젝트, 취업 박람회. 월례회 준비, 직원 보상 프로그램 등을 기획하고 진행했다. 각 부서와 개인의 역량에 맞춘 각종 프로그램을 기획하고 진행하며 기획력에 대한 자신감을 얻었다. 부서장을 대상으로 영어로 강의를 진행했다. 영어로 강의하는 것은 한국어로 강의하는 것 이상으로 성취감을 주었다.

자동차 회사에서는 어땠을까? 연간 약 200여 건의 홍보 프레젠테이션을 진행했다. 한 해 약 2만 명의 방문객을 응대했다. 회사 소개와 공정설명은 눈 감고도 할 정도로 익숙해졌다. 특히 외국인 방문객을 위해 영어 진행을 성공적으로 마친 뒤에는 더욱 뿌듯함을 느꼈다. 홍보 브리핑뿐 아니라, 경상예산 품의 작성 및 사업예산을 기획했다.

뭐 하나 연결성이 없는 듯 보였던 내 경력을 정리해보니, 사람들을 대표하고, 본보기가 되는 것을 지향한다는 것을 알았다. 누구나 다 하는 강의가 아닌 나만 하는 강의를 꼭 해보고 싶었는데, 발표라는 주제를 활용해 교육생에게 전달한다면 내가 가진 비결과 실전 경험을 활용하여 나만이 할 수 있는 강의를 만들 수 있을 것 같다. 다양한 강의 콘텐츠 중에서도 특히 리더십 분야에서만큼은 전문가로 인정받고 싶다. 리더십과 영어를 접목해 보면 어떨까? 영어로 리더십 강의를 해 보고 싶다. 창업을 직접 해보니 넘어야 할 산이 너무 많았는데, 실제 창업을 준비하는 사람들에게 나의 경험담을 들려주며 도움을 주고 싶다.

강사와 교육운영자를 준비하면서 겪은 수많은 시행착오 역시 교육업에 종사한 이들과 공유하여 도움을 주고 싶다. 죽을 것처럼 힘들었던 시간도 견디고 지나와 보니 소중한 재산이 되어 있었고 분명히 연결고리가 있었다. 내가 진정으로 원하는 삶과 목표를 정리했다. 그것은 나의 신념이 되었고 사명감이 되었다. 지금까지 살아온 기적이 앞으로 살아갈 이유를 만들어주었다.

소크라테스에게 젊은이 몇 명이 찾아와 어떻게 하면 당신만큼 해박한 지식을 가질 수 있냐고 물었다. 소크라테스는 매일 팔 돌리기

300번을 해 보고 한 달 뒤에 찾아오라고 했다. 매달 같은 임무가 주어졌고, 달이 갈수록 그를 찾는 제자는 줄어들었다. 1년 동안 임무를 성공적으로 수행한 단 한 사람은 플라톤이었다. 그는 고대 그리스에서 가장 유명한 철학자가 되었다. 굳건한 의지와 끈기가 습관화되어 그를 성공으로 이끌었다.

"전구를 발명하기 위해 나는 9.999번의 실험을 했으나 잘 안 되었다." 그러자 친구는 실패를 1만 번째 되풀이할 셈이냐고 물었다. "실패한 게 아니고, 다만 전구가 안 되는 이치를 발견했을 뿐이다."

절대 포기하지 않는 끈질김의 대명사 에디슨이 친구에게 대답한 말이다. 1만 번의 실패에도 포기하지 않고 일어섰기 때문에 전구에 불을 켜는 방법을 찾아낼 수 있었다. 전기가 없는 우리의 삶은 상상할 수조차 없다.

실베스터 스탤론은 빈민가에서 태어났다. 출산 과정에서 의료사고를 당해 언어장애와 안면신경마비를 얻었다. 배우라는 꿈을 안고 고군분투하다 나이 서른에 직접 시나리오를 썼다. 본인을 주연으로 시켜달라는 조건을 걸었고 1,501번째의 시도 끝에 20여 차례나 거절했던 감독의 마음을 움직이는 데 성공했다고 한다. 첫 주연 작품이 전 미국 최고의 시청률을 기록해, 그 후 전 세계적으로 이름을 날리는 스타가 되었다.

인생의 최종 종착지로 정해놓은 최상위층에 있는 꿈을 달성하기 위해서는 분명 오랜 시간이 걸릴 것이다. 그러나 그것을 한 단계별

작은 성공을 이루고 나면 고층빌딩의 계단을 오르는 것처럼, 어느덧 나는 그곳에 가 있을 것이다. 어려운 길은 있을 수 있다. 최종 목적지로 도달하기 위해 지금 단계에서 할 수 있는 다른 방법은 없는지 끊임없이 고민해야 한다. 선택한 길에 대한 확신이 있다면 '나는 할 수 있다!'고 스스로에게 힘을 주며 끝까지 견디어 보자.

다른 사람의 정상을 보며, 그들이 어느 계단에 서 있는지 훔쳐보며 고뇌하지 말자. '나'라는 사람을 객관적인 잣대로 평가하며 내 인생을 살아보자. 전략적으로 방안을 모색하고 집중적으로 투자했을 때 분명 우리의 끈기는 기적을 가져올 것이다. 나에게도 기적은 일어날 것이다.

하고 싶은 것과 해야 할 것, 할 수 있는 것의 딜레마

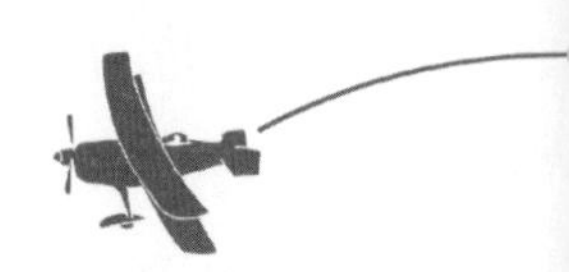

지금도 마찬가지지만 어려서부터 하고 싶은 일이 참 많았다. 꼭 경험해야 직성이 풀리는 피곤한 성격이라 생각했던 일이 계획대로 돌아가지 않으면 미련을 못 버리고 매달리며 집착한다. 남편과 결혼하게 된 것도 이 쓸데없는 집착 때문이다.

대학교 4학년 때 둘 다 남의 대학 도서관에서 공부하다 눈이 맞았다. 6개월 정도 도서관에 붙어다니며 취업준비를 하다 나는 서울로 취업 재수를 떠나고, 이 남자는 창원으로 가게 되었다. 취업준비를 한답시고 매일 가방을 들고 학원가를 출퇴근했지만 남는 건 시간이었다. 이 남자는 늘 바빴고 나는 기다렸다. 예전만큼 자주 볼 수 있거나 연락이 오지 않아 서운한 마음에 투정을 부린다는 것이 먼저 헤어지자 말을 해버렸다. 한 반쯤은 매달릴 줄 알았는데, 알았다며 당장 전화를 끊는 이 사람이 너무 괘씸했다.

며칠 뒤 명절이 왔고, 각자 고향 집에 내려갔다. 그동안 쌓은 정이 있는데 전화 한 통으로 무심하게 끝내기에는 예의가 아닌 것 같아 오랜만에 전화를 걸었다. 잠깐 인사나 하자는 취지였는데 아무리 전화를 해도 받지 않자 오기가 생겼다. 스무 통 가량 전화하고 결국 집으로 전화해 통화에 성공했다. 그것으로 우리의 만남은 지금까지 16년 동안 이어지고 있다. 잡힐 듯 잡힐 듯 잡히지 않고, 내 마음대로 되지 않는 나쁜 남자의 매력에 빠져버렸다. 결혼생활을 후회하는 것은 아니지만, 그때 내가 전화하지 않았으면 우리는 어떻게 되었을까 가끔 상상해 본다.

엊그제 문득 아파트 1층 게시판을 훑어보다 출산 장려금 소식을 보았다. 첫째는 50만 원, 두 번째 자녀를 출산하면 200만 원을 준다는 것이다. 그 알림 소식을 보자마자 '그럼 셋째는 더 많이 주겠네. 셋째나 낳을까…? 하는 아주 멍청한 생각을 했고, 순간 자신이 부끄러웠다. 구더기 무서워 장 못 담그는 행위보다 더욱 황당한 상황이다.

영어를 좋아한다. 영어를 잘 하고 싶다. 말하는 걸 좋아하지만 문법에는 자신이 없다. 당장 영어를 쓸 일은 없다. 내가 먹고사는데 영어가 크게 쓰이지도 않는다. 그런데도 나는 생각만큼 영어 실력이 늘지 않아 늘 불안하다. 지금보다 쪼금만 더 영어를 잘 했으면 다시 도전할 수 있는 일이 많을 텐데 속상해한다. 그러면서 막상 큰 실용성이 없기에 그다지 노력을 기울이지도 않는다.

첫째를 낳고서는 성공에 대한 욕구가 여전히 강했다. 아이와 가정과 관계없이 내가 원한다면 서울에 일자리를 얻거나 유학을 갈 수도 있으리라 생각했지만 둘째를 낳고는 모든 좌표가 무너져버렸다. 외벌이로는 가게 경제가 발전할 수 없기에 일은 해야 하지만 야근이나 주말에 일하는 건 싫다. 재택근무를 해야겠다 생각했다.

초벌 번역가를 모집하는 광고를 보고 전화를 걸었다. 회원가입을 해야 일거리가 주어진다는 말에 수십만 원의 입회비를 결제했다. 시험을 보고 일정 급수 이상을 취득해야 일을 받을 수 있는데, 그 시험은 1년에 3번 있고 그 안에 합격하지 않으면 자격 미달로 일을 받을 수 없다고 했다. 시험은 3시간 동안 8문제를 번역하는 것이었고, 사전을 사용해도 무방하다고 했다. 번역은 자신이 있다 자부했는데 막상 3시간 동안 다섯 문제도 제대로 번역하지 못했다. 두 번의 시험 기회가 남았었지만, 시험을 보지 않고 돈을 날렸다. 장시간 앉아 시험공부를 한다는 게 대단한 열정이 없으면 어려운 일이었다. 그렇다. 나는 번역에는 열정이 없었다. 나는 밖에 나가서 사람을 만나고, 직접 부딪히며 소통하는 게 즐겁다는 걸 알았다.

아이들이 어린이집이나 유치원에 가 있는 10시부터 4시까지 할 수 있는 일을 찾고 싶었다. 어린이집이나 유치원에서 영어를 가르치는 일이 시간상 가장 적합했다. 시간 대비 급여도 나쁘지 않았다. 이미 주말부부를 하면서도 수입이 있는 만큼 지출이 늘어난다는 것을 경험했기에 그저 용돈벌이만 할 수 있길 고대했다. 막상 교육을 받고 보니, 집에서 내 아이들에게 책을 읽어주는 것과는 차원이 달랐다. 아무리 상대가 영유아라 해도 나의 필요조건 때문에 함부로 아이들을 가르칠 수는 없었다. 영어를 좋아하고, 꽤 괜찮은 포지션의 일이었지만 내가 할 수 있는 일이 아니라는 결론을 얻었다.

하고 싶은 일이긴 한데, 해야 할 일이 아니다. 해야 할 일인데 할 수 있는 일이 아니다. 할 수 있는 일인데 하고 싶지 않다. 하고 싶지 않은데 해야 한다. 하면 안 되는데 할 수 있다는 과욕이 앞서 일을 저질러버린다. 과연 어느 쪽이 옳은가 끊임없이 고민해 본다.

성공적인 삶을 위해 우리는 어디에 우선순위를 두어야 할까? 경험에서 얻은 결론은 해야 할 일을 하는 게 우선이고, 내가 할 수 있는 일과 중첩되는 일만도 최상인 것 같다. 그동안 지나치게 하고 싶은 일에만 몰두해 왔다. 그 일을 추진했을 때 다른 해야 할 일이 없었는지 먼저 확인해야 했다. 그리고 하고 싶지만 할 수 없는 능력의 상황이라면 과감히 포기하고 차선책을 선택했어야 한다.

엎친 데 덮친 격으로 불행이 밀려드는 것처럼 행운도 시기가 오면 동시다발적으로 쏟아진다. 먼저 오는 행운을 잡았다가, 혹은 욕심껏 너무 큰 행운을 잡으려다가 두 마리의 토끼를 모두 놓쳐버린다. 한꺼번에 밀려드는 행운이 버거워 기쁨의 비명을 지르다가 일

순간 아무 일도 없었던 것처럼 사라져버린다. 마음은 허탈해지고 나는 또 어떻게 살아가야 하나 막막함만 남는다. 무엇이 잘못되었는지 다시 한 번 생각해본다.

무리하지 말자. 정도를 걷자. 욕심 부리지 말자. 내가 할 수 있는 한계를 알고 그에 맞는 일을 해보자. 약간의 무리는 있을 수 있다. 작은 도전이 성공을 낳는다면 조금씩 나의 한계선은 허물어지고 역량은 높아질 것이다. 그러나 한 단계 한 단계 무리하지 말아야 한다. 다 잘할 수는 없지만, 전문 영역을 찾아 전문가가 되어야 한다. 선택과 집중의 갈림길에서 오로지 집중할 수 있는 무언가를 선택해 보자. 다른 곳에 한눈 팔리지 않고 온전히 즐겁게 해결해낼 수 있는 길이 내가 선택해야 할 일이다.

가정에서 엄마의 역할도 해야 하지만, 내가 가진 능력을 도움이 필요한 이들에게 나누어줘야 한다는 인생의 임무가 있다. 꿈을 잃은 사람들에게 꿈을 가지라고 주위 사람들의 마음을 두드려 보는 일도 내가 해야 하는 일이다. 사회 초년생으로서 조직에 적응하지 못하고 좌충우돌하는 신입사원부터 관리자로서 후배들을 잘 이끌어나가도록 지도력 역량을 촉진하는 것 역시 내가 살면서 이루어야 하는 과제이다. 재능이 있음에 감사하다. 하늘이 주신 재능을 사회에 환원하는 것이 앞으로 살아가야 할 이유가 되었다.

다른 방법으로 답을 얻을 때까지 계속해서 물어보자

친구 엄마가 힘든 일이 있을 때마다 찾는다는 이름난 점쟁이를 찾아갔다. 대화하는 내내 나는 손뼉을 치고 "맞아, 맞아"를 연발하고 있었다. 지나고 보니 그 사람 입에서 나온 말보다 내가 한 이야기가 훨씬 많았던 것 같다. 그 사람이 뭔가 영상이 보이는 듯 눈을 깜빡거리며,

"아, 뭔가 선반이 보이는데…. 위에 뭐가 많이 놓여 있는데…."

점쟁이가 말하는 순간, 나는 화답했다.

"우와 어떻게 아셨어요? 저희 부모님 장사하시는 거?"

"자기는 동생들에게 잘 해야 한다."

"우와 어떻게 아셨어요? 저 동생들이랑 친한 거?"

답은 내가 만들어가고 있었다. 그러면서 왜 그녀가 다 맞추었다며 신기해했을까? 기억을 떠올려보니 내가 정작 듣고 싶었던 미래

에 관해서는 얘기해주지 않았다. 자기 생각을 한번 툭 던졌을 뿐인데, 과거를 빈틈없이 맞춰댔으니 당연히 이 사람이 말한 대로 일이 흘러갈 거로 생각하고 가게를 나섰다. 이후 그 사람이 말한 대로 일이 딱딱 들어맞으면 그때부터 나의 신봉은 시작되었고, 맞아떨어지지 않으면 내가 뭔가 잘못해서 그런 거겠지라고 생각했다. 미래를 명확히 예측하는 사람은 없다지만 답을 아는 누군가는 있겠거니 기대하며 기웃거렸다.

어떤 삶이 성공한 삶인지, 어떤 길이 내가 가야 할 길인지, 어떤 선택이 바른 선택인지 항상 궁금했다. 누군가가 정답을 시원하게 정의 내려주면 좋겠다고 생각했다. 그러나 결론은 누구도 내 인생의 답을 알고 있지는 않는다는 것이다. 세상에 정해진 답은 없다.

내가 가야 할 인생의 방향은 나만이 제대로 설정할 수 있고, 그에 따른 책임 역시 나의 몫이다. 배경지식이 다르고 삶의 기준이 다르다는 것을 몰랐다. 내가 살아온 내 삶의 역사는 내가 가장 잘 안다. 끊임없이 자신에게 묻고 답해야 한다. 그러한 과정에서 나의 장단점, 강점과 약점을 파악할 수 있다. 과거의 모든 경험을 바탕으로 내 인생의 패턴을 이해할 수 있다. 이럴 때는 이렇게 행동했더니 상황이 더 악화되더라. 이렇게 행동했더니 기대했던 결과를 얻을 수 있더라. 기억을 정리하고 분석해야 한다. 누구보다 나 자신을 명확하게 파악하고 있을 때 강점이 되고 자신감이 생기고 이것은 곧 나만의 강점이 된다.

죽은 후에 어떤 사람으로 기억되고 싶은가? 나는 진정성 있는 리더로 기억되고 싶다. 그저 열심히 했던 사람이 아닌 맡은 일을 잘 해낸 사람으로 기억되고 싶다. 열정과 끈기로 목표한 바를 이루어 낸 긍정적인 역할 모델로 기억되고 싶다. 나라는 사람의 존재 자체가 주변인들에게 긍정적인 파문을 일으켰으면 좋겠다. 고난과 역경에도 희망을 버리지 않고 밝은 기운으로 삶을 다시 일으킨 한 사람으로 기억되고 싶다. 내가 있어 '함께 행복했다.' 여운을 남기고 싶다. 자신들에게 꿈과 희망을 주고 할 수 있다. 용기를 준 조력자로 기억되고 싶다. 나의 조언과 지지가 분명 더 나은 삶을 살아가는데 큰 보탬이 되었다 기억되고 싶다. 나의 죽음으로 인해 더 함께하지 못한 서운함과 비통함에 단 한 사람이라도 진심으로 눈물 흘려준다면, 그것으로 감사한 인생의 마무리를 할 수 있지 않을까.

누군가의 삶에 변화를 일으키고 싶지만 누가 내 얘기를 들어줄 것인가? 하고 싶은 이야기가 많다. 내가 하는 이야기는 단순히 나의 이야기를 들어주라는 투정이 아니다. 당신들이 삶을 살아가는데 분명 보탬이 될 만한 정보가 있을 것이라 믿는다. '누가 내 얘기를 들어줄 것인가?'는 나의 끊임없는 고뇌이자 고민이었다. 그리고 어떤 행동도 하지 않는 나를 발견했다. 마음만 있고 말뿐이었다.

정확히 누구에게 나의 이야기를 들려줄 것인지 적어보자. 욕심

부리지 말고 단 한 사람만 가상의 인물을 옆에 앉혀보자. 나와 비슷한 선택의 갈림길에서 갈등했던 사람이다. 더 큰 회사, 유명한 직업, 돈 많이 버는 일을 꿈꾸었지만 좌절을 맛보고 결혼과 출산, 그리고 육아로 인해 인생의 좌표를 잃어버린 나는 제2의 '이화영'에게 내 이야기를 들려주고 싶다.

내가 추구하는 가치는 정당하며, 나는 가치 있는 일을 하고 있을까? 가치의 정의에 대해 찾아보았다. 사전적 의미로는 사물이 지닌 쓸모, 대상이 인간과의 관계 때문에 지니게 되는 중요성이다. 철학적으로는 '인간의 욕구나 관심의 대상 또는 목표가 되는 진, 선, 미 따위를 통틀어 이르는 말'이기도 하다. 영어로는 'value'이다. '경제적인 가치, 가격비용 대비의 가치, 중요성, 값, 가치관'이라는 명사로 정의된다. 동사로는 '소중하게 생각하다, 가치 있게 여기다, 가치 가격을 평가하다'로 정의된다. '나라는 사람의 가치는 어떠한가? 나는 얼마나 쓸모 있는 사람인가? 나의 쓸모는 어떻게 정의되고 평가되는가?'

회사에 소속되었을 때 내가 기대하는 가치는 높은 연봉, 빠른 진급과 성과보수였다. 가끔 사장님이나 총지배인이 내 이름을 불러주거나 '그가 나를 알고 있다'라는 눈빛만으로도, 나는 가치 있는 존재로 인식되었다. 그것 자체로 나는 꽃이 되었다. 프리랜서로 강의 활동을 하고, 개인사업자를 내고서는 회사의 매출이 곧 나의 가치가 되었다. 돈도 중요하지만, 내 아이들과 남편이 하나의 가정을 이루어 살아가는 것이 가치의 중점이다. 아이의 100점은 나의 100점이 아니므로 사회적으로도 인정받고 싶다. 돈을 받지 않아도 마음이 즐겁고 의미 있는 일을 하고 싶다. 내 개인적 가치와 가족의 일원으로서 모두가 공존할 수 있는 균형을 유지하는 것이 내가 가장 추구하는 삶의 가치가 되었다.

어떤 결정을 하기 전 주변인에게 조언을 많이 구하는 편이다. 내가 이러이러한 상황인데, 당신이라면 어떤 결정을 내리겠는지. 질문을 던진 상대에 따라 대부분 다른 조언을 준다. 왜 같은 질문에 다 다른 답변을 하는 걸까. 답을 해주는 사람이 다르기 때문이다. 살아온 환경이 다르고, 본인들이 중요하다고 생각하는 인생의 가치와 판단 기준이 다르다.

대학원 석사 과정에 진학하는데 어떤 학교를 선정해야 하는지 주변인들의 의견을 물었다. 학사 졸업 후 대기업에 취업해 회사 내에서 능력을 인정받고 있는 남편은 어차피 애 낳아서 살림하는데 학교는 나와서 뭘 할 거냐며 본인의 관점에서 이야기했다. 시어머니는 자기 아들이 피땀 흘려 벌어놓은 돈을 학비로 날릴까 봐 싫은 말씀을 하셨다.

서울에서 학교를 졸업한 회사 동료는 지방대에서 돈 들어봐야 무슨 소용 있냐며 무시했다. 미국에서 학교를 졸업한 이들의 기준은 미국 대학이었다. 지방대 내에서도 A교를 졸업한 사람은 A학교를,

B학교를 졸업한 사람은 B학교를, C학교를 졸업한 사람은 C학교를 추천했다. 모두 본인들 기준에서 나에게 조언을 주었다.

나는 어디에 속해야 하는가? 내가 원하는 것은 진정 무엇인가? 조직의 장을 하고 싶고 대표가 되고 싶다. 사람을 관리하며 적재 적소에 인력을 배치하는 일은 아주 뛰어난 달란트가 있다고 생각한다. 그런 일을 좋아하고 하고 싶다. 어떤 조직 안에서 발톱을 숨기고 나를 죽이며 사는 것은 이제 숨이 막힌다. 그러면서도 한없이 가늘고 긴 평탄한 인생을 원하기도 한다. 시간 되면 밥 먹고, 커피 한 잔에 수다 조금 떨다 정시에 퇴근하고 주말에는 아무 걱정 없이 가족과 휴식시간을 즐겨도 또박또박 기대 이상의 돈이 나오는 회사가 나를 좀 써줬으면 좋겠다고 생각하지만 나는 알고 있다. 나의 야망과 그릇은 그들보다 훨씬 커서 내가 내 삶을 주도적으로 이끌어가지 않으면 직성이 풀리지 않기에 누구 아래서 일할 수 없다는 것을 이제는 정확히 알게 되었다.

능력을 인정받고 싶었지만, 공상에 빠져 있는 시간이 너무 많았다. 내가 해야 할 일이 무엇인지, 하고 싶은 일이 무엇인지, 지금 할 수 있는 일이 무엇이지 명확히 알면서도 다른 곳을 기웃거렸다. 좀 더 쉬운 길은 없는지, 좀 더 편한 길은 없는지에만 관심이 있었다.

지금부터라도 어떤 노력을 기울일지 계획해보자. 획기적인 아이템이라고 생각했던 아이디어도 누군가 벌써 생각했던 일인 경우가 많다. 그 아이템이 성공했다면 성공한 원인은 무엇이고, 실패했다면 실패한 원인은 무엇일까. 경쟁자들은 어떤 노력을 기울이고 있는지 정리해보자. 내가 추구하는 가치와 방법이 이미 기존의 누군가가 사용하고 있는 것이라면 다른 방법을 고안하고 틈새시장을 노려보자.

리스트를 정리하고 그에 맞는 일이 있다면 취업에 도전해보자. 내가 가진 재능을 백분 활용할 기존의 직장이나 직업이 없다면 나의 일터를 만들어내자. 내가 원하는 시간에 내가 통제할 수 있는 일을 하고 싶다. 나는 문서에도 강하고 발표를 잘 할 수 있지만, 발로 뛰는 영업이나 나를 드러내는 오픈 마케팅은 자신이 없다. 나라 장터라는 사이트를 보니 관공서에서 공식적으로 교육 건에 대한 입찰 공고를 내는데, 이 일이야말로 내가 가장 잘 할 수 있는 일임을 알았다. 내가 원하는 일정에 해당하는 내가 가장 잘 할 수 있는 일을 내가 할 수 있는 일이다. 입찰 확정 과정은 명확하고 공정하며, 내가 가장 자신 있는 문서와 발표가 경쟁에서 이길 수 있는 핵심이다. 끊임없이 찾아나섰더니 내 일을 만들어내는 데 성공했다.

내 인생의 무대는 어디인가?

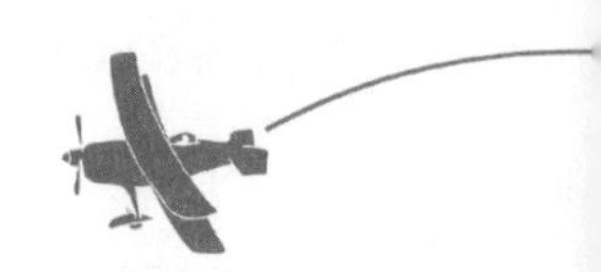

어디에서 가장 인정받고 주목받을 수 있을까? 나만의 무대를 정하고 싶다. 내가 정한 무대에서만큼은 주인공이 되고 싶다. 가장 빛나는 사람이 되고 싶다. 어느 무대에서 나는 가장 활발하고 역동적으로 움직일 수 있을까. 지금 내가 서 있는 이곳과 지금까지 해온 일에서는 경쟁자가 너무 많았다. 살아남기 위해 서로 헐뜯고 짓밟고 올라서야 겨우 비좁은 공간을 차지할 수 있었다. 다른 곳으로 무대를 옮겨보자. 다른 관점으로 인생의 무대를 넓혀보자.

서비스업에 오래 종사하며 다양한 경험을 했을지라도 누군가에게 "서비스는 이렇게 해야 한다." 말하기 부끄러웠다. 아무리 전문 서적을 뒤지고 이론적인 정리를 해봐도 스스로 확신이 생기지 않았다. 다른 사람을 이해시키고 행동을 끌어내기 위해서는 내가 몸소 보여주는 방법이 제일이라고 생각했다. 제일 큰 회사에서, 제일 유명한 회사에서 서비스해 본 경험이 있어야 어디서 명함이라도 내밀 수 있다고 생각했다. 서비스 강사가 되기 위해 강사 학원에 등록하며 당연히 원장은 항공사 승무원 출신일 것이라 확신했다. 그렇지 않았다. 초반에는 대다수의 서비스 강사가 항공사 승무원 출신이었지만 시간이 흐를수록 비율은 줄어갔다. 지금 현업에서 활발한 활동을 하는 강사 언니를 보더라도 시작은 햄버거 가게 아르바이트부터 시작했다. 자신의 분야에 대한 지식과 정보와 자신감이 중요하다.

항상 유일하지 않으면 안 하는 게 낫다 여겼고 1등이 아니면 의미 없다고 생각했다. 손녀딸 둘을 앉혀놓고 저녁밥을 챙겨 먹이며 할머니는 말한다.

"누가 1등으로 먹을 거야? OO는 1등, OO는 꼴찌다!"

언제부터인가 나는 당연한 듯 1등 지상주의에 빠져 있었다. 왜 꼭 1등을 해야 하는지 의심해보지 않았다. 1등이 아니어도 괜찮다. 최고가 아니어도 괜찮다. 내가 시간과 에너지를 투자하며 그 과정에서 기쁨을 얻는 일이라면 괜찮다. 내가 정한 삶의 방향성과 일치하는 것이라면 어떤 것도 등급을 따질 수 없이 충분한 가치가 있다.

나보다 높은 직급은 수두룩하다. 나보다 돈을 많이 버는 사람도 좋은 차를 타는 사람도 넘쳐난다. 나보다 좋은 집에 사는 사람, 좋은 옷을 입은 사람, 좋은 가방을 든 사람들을 하나하나 신경 쓰면 어느덧 지면보다 더 깊숙한 아래로 떨어져 허우적거리고 있다.

나만 보자. 나의 가치만 보자. 가장 경쟁 우위에 설 수 있고 지속해서 내세울 수 있는 나의 강점을 보자. 비록 달성하지 못하고 생을 마감하게 될지라도, 그동안 덕분에 가슴 떨렸다 할 수 있는 일을 하고 무대에 서보자.

다른 강사들과 비교했을 때 나는 어떤 강점이 있을까. 프리랜서로 개인 생활이 익숙한 그들보다는 조직에서 일한 경험이 많으므로 조직 안에서 일하는 사람들의 고충을 더 잘 이해할 수 있다. 최고는 아니지만, 영어로 말할 수 있다. 사업자를 등록하고 사업을 시작하는 과정에서 겪은 실패담이 많다.

조직원으로 생활하며, 조직을 이끌며 무엇보다 중요한 것은 리더십이기에 그것을 가르치고 싶다. 나도 부족한 사람이었고 여전히 완벽하지 않지만, 그것을 받아들이는 점부터가 좋은 시작이라 이야기하고 싶다. 충분히 훈련하여 완성의 단계로 끌어올릴 수 있는 것이 리더십이라 확신한다.

영어로 이 분야를 강의해 보면 어떨까. 외국인에게 우리나라 명인을 예로 들어 리더십 훈련을 하면 어떨까. 세계로 나의 무대를 옮겨보면 어떨까. 이미 머릿속에는 세계를 누비는 나의 모습이 그려진다. 가슴은 두근거리고 입가에 미소가 번진다. 창업을 고민하고 준비하는 사람들에게 기존의 전문가는 알려주지 않는 팁을 알려주고 싶다. 나의 시행착오를 바탕으로 그들을 성공의 지름길로 안내하고 싶다. 그들에게 꿈과 희망을 주는 나는 '드림 디자이너'이다.

새로운 꿈이 생기고, 무대가 열렸다.

인력개발원에서 전임 강사로 근무를 시작한 지 몇 달이 지나 우연히 알게 되었다. 근무하는 대부분 사람이 나를 원장님의 지인으로 알고 있다는 것이다. 강의와 상담을 동시에 소화할 수 있는 인재를 찾기 힘들어 여기저기 수소문하다 결국 상담 전문가를 내정해 놓은 자리에 내가 합격한 것이다. 우연의 일치였다. 지원 마감일에 겨우 공고를 보고 부랴부랴 지원했다. 간절한 마음으로 지원했지만 큰 기대는 하지 않았다. 감사하게도 면접관들의 만장일치로 채용되었다. 이런 경우가 몇 건 있다. 어떤 학연이나 지연의 도움도 받지 못하는 내가 능력으로 내정된 경쟁자를 이겼다. 뿌듯하고 감격스러웠다. 준비된 사람은 어떤 경쟁에도 우위에 설 수 있다.

둘째를 임신하고 출산하는 기간 내내 일과 멀어져 지냈다. 만삭이 되어서도 학업을 놓지 않았다. 출산하기 이틀 전까지도 남산만 한 배 안에 아이를 담고 발표를 준비하고 진행했다. 조리원에서도 시간을 내어 시험공부를 했다. 출산하자마자 제대로 앉아있기 힘든 상황에서도 꾸역꾸역 30분을 운전해 세 시간 교육을 받고 또 30분을 운전해서 집에 들어갔다. 무리하는 바람에 밤새 아래가 욱신욱신해서 고통스러웠다. 그런데도 쉬지 않고 배움의 끈을 이어갔다. 도전을 게을리하지 않았더니 기회는 주어졌고, 그 기회를 잡을 수 있었다. 하루에 2~3시간 만 눈을 붙이며 강의를 준비했다. 신께서 나에게 주신 재능에 감사했다. 말을 할 수 있는 재능, 넘어져도 금세 훌훌 털고 일어날 수 있는 재능, 일어나서는 괜찮다 괜찮다 아주 긍정적으로 자신을 치유할 수 있는 재능을 선물 받았다.

2007년 새로운 꿈을 꾸며 서비스 강사가 되었다. 강사가 되기 위한 다양한 교육 과정을 듣다 보니 '이미지 메이킹'라는 콘텐츠가 눈에 들어왔다. 거금을 들여 컬러진단 전문가 과정을 수료했다. 교육생의 얼굴에 색채 진단지를 대조해가며 본인과 가장 어울리는 컬러를 찾아주는 전문가 과정이었다. 막상 강의해 보니 확신이 서질 않았다. 컬러에 대한 전문가가 아니기에 자신이 없었다.

그 후에는 코치라는 분야가, 그 후에는 취업이라는 분야가 교육계의 추세가 되었다. NCS 직업기초 능력, 인성, 창업, 국가지원금의 지원 비중이나 교육생의 요구에 따라 나의 주력 강의도 달라졌다. 처음에는 시간당 25만 원에서 40만 원 받던 서비스 강의도 요즘은 고작 3만 원을 받을 수 있다. 물론 사람마다 개인차와 능력 차가 있을 것이다. 관심 있는 분야와 사람이 많이 필요한 분야로 발을 돌리다 보니 다 할 줄 아는데 유일한 나만의 콘텐츠가 없었다.

내가 정말 원하는 것은 무엇일까. 이제 더 유행에 휩쓸리지 말고 나의 길을 찾아보자. 전문가가 되어보자. 나는 어떤 분야의 전문가가 되고 싶은가. 이 길이 내 길이다. 확신하고 마음먹었지만 나는 또 흔들린다. 이 길이 내 길이 맞나? 미래가 막막하고 영원히 불러주지 않는 텅 빈 무대에 홀로 남아있게 될까 봐 두렵다. 스스로에 대한 믿음이 필요하다. 나의 마음을 다독이고 나부터 자신을 믿어 보자.

내가 할 수 있는 일과 해야 하는 일, 그리고 하고 싶은 일의 교집합을 찾았더니 답이 보였다. 내가 어디에 서야 가장 아름다워 보이는지 알았다. 어떻게 하면 꾸미지 않아도 환한 빛을 낼 수 있는지 알았다. 이미 늦었다면 새로운 길을 만들어내자. 호화롭게 북적대는 다른 이들의 무대에는 그만 눈을 돌리자. 나만의 무대를 만들고 내가 주인공이 되자. 가끔 필요하다면 조력자를 초대해도 좋다. 나에게 맞는 옷을 입는 것이 무엇보다 중요하다.

지금 바로
행동하자

남편이 있는 곳으로 살림살이를 옮기고 몇 달 동안 가정생활에 집중했다. 아이들과 아파트 단지 내에 있는 놀이터 투어를 다녔다. 양손에 한 명씩 두 아이의 손을 깍지 끼고 광장을 거닐었고 키즈카페에 들러 온종일 뒹굴기도 했다. 태어나서 처음 느끼는 여유였다. 아이들과 나는 더 가까워졌다. 아침부터 저녁까지 영양소에 맞게 식사를 준비하고 간식까지 챙겨 먹였다. 아이들이 할머니 손에서 대부분 시간을 보냈을 때보다 더 밝고 건강해졌다. 남편은 늦게 들어와도 꼭 자는 아이들 얼굴을 부비부비하며 사랑을 표현했다. 학연도 지연도 없는 이곳에서 낮 동안 느끼는 외로움에 내가 잘 한 행동일까 고민했었다. 남편과 아이들이 날마다 부대끼며 즐거워하는 모습을 보면 참 잘 한 결정이라 생각했지만, 어느 순간 나는 가정부 같다는 생각이 들었다. 청소하고, 빨래하고, 밥 챙기고, 애들 뒤치다꺼리에 온 시간을 쓰는 가정부가 되어 있었다.

나 한 사람만 희생하면 모두가 행복하다고 생각했다. 나 외에는 누구도 나의 희생과 봉사를 인정하지 않았다. 새벽에 나가 밤늦게 들어오는 남편은 온종일 집에서 잘 쉬었냐고 묻는다. 큰 아이는 나중에 커서 엄마처럼 아무것도 안 하는 사람이 될 거라고 한다. 어느 순간 '나'라는 사람은 없어졌다. 하루가 다르게 성장해가는 아이들을 보면 기쁘고 뿌듯하고 대견하다. 첫 아이 키울 때는 미처 몰랐는데, 둘째 아이는 유난히 눈, 코, 입, 손발 하나하나 귀엽고 사랑스럽다. 볼 때마다 깨물어주고 싶고 안아주고 싶다. 그러나 그 시간 중 역시 나는 없었다. 숨 가쁘게 쉬지 않고 달려왔는데, 결국 나는 누군가의 아내이고, 엄마일 뿐이다. 그것만으로 내 삶의 이유가 될 수는 없었다. 살아갈 이유가 더 필요했다. 여전히 나는 어두운 터널을 걸어가고 있었다.

아이들을 재워두고 하는 일은 늘 3대 구직 사이트를 훑어보는 일이었다. 1년 정도 꾸준히 우리 지역 내의 채용 정보를 검색하니 어떤 회사가 어느 시기에 주로 채용공고를 내는지 감이 왔다. 어떤 회사가 이직률이 높은지도 보였다. 우리 지역에서는 주로 어떤 직군에서 사람을 많이 필요로 하는지도 보였다. 이 정도는 잘 해낼 수 있겠다 싶어 지원하고 싶었지만, 아침 9시부터 저녁 6까지 아이들을 맡겨놓고 일을 하자니, 내가 이곳에 온 취지와 맞지 않았다. 아이들에게만 헌신할 수는 없지만, 어느 정도의 비중은 지켜야 한다고 생각했다. 가끔 시간제 근무자를 뽑는 공고를 보았다. 한 명 뽑는 자리에 경쟁률은 거의 100대 1이었다.

구미에 맞는 일만 찾는 건 힘들었다. 힘든 게 아니라 아예 없었다. 아이들을 어느 정도 키워두고 일을 시작하라는 조언을 많이 들었다. 그 '어느 정도'란 언제까지인지 궁금했다. 영유아기에는 기본적인 가치관이 형성되는 시기이기에 특히 엄마의 보살핌이 필요하다. 초등학교 1~2학년은 학교생활에 적응하는 시기이므로 더욱 옆에서 도와줘야 한다. 초등학교 고학년이 되어도 학교가 늦게 끝나는 건 아니니 온전히 기관에 의지할 수는 없다. 큰 아이가 4살이고, 둘째가 2살이다. 둘째가 중학생이 될 때까지 집에서 양육에만 힘쓴다고 가정하니, 10년이다. 10년 후에는 내 나이 50인데, 대부분 사람이 퇴직을 준비할 시기가 된다. 이럴 줄 알았으면 사고라도 쳐서 20대 초반에 애를 먼저 낳을 걸 그랬다. 돈 욕심도 일 욕심도 버리고 경력만 유지하자. 한 달에 한 번만 일해도 과거의 경력을 단절시키지 않고 싶었다.

시간도 돈도 내가 컨트롤해야 한다. 움직이지 않고 돈을 버는 방법은 뭐가 있을까. 사업을 시스템화하면 되겠다. 책을 쓰는 일은 어떨까. 해왔던 일을 부정하지 말고 그 속에서 답을 찾아보자. 사람들 앞에서 대표로 정보를 제공하는 일을 하고 싶다. 아이들과 너무 자주 떨어져 지낼 수는 없다. 이곳저곳 옮겨 다니는 건 한계가 있다. 일하는 시간을 줄여보자. 한 시간 강의해도 강의의 질을 높인다면 단가도 높아질 것이다. 10년을 넘어 20년 30년까지의 먼 미래를 내다보자. 그때까지도 이어갈 수 있는 일을 생각해보자.

내가 가장 관심 있고 잘 하는 분야는 무엇인가. 교육 분야이다. 이 분야에서 가장 특화할 수 있는 부분은 어떤 것인가. 교육 운영, 리더십, 취업, 창업 몇 가지 키워드가 떠오른다. 내가 직접 일을 따내서 내가 원하는 시간에 강의도 하고, 인력을 배치하는 일을 해야겠다. 프로젝트를 진행하는데 필요한 제반 사항을 준비하는 것은 낮을 충분히 활용할 수 있을 것 같다.

생각만 가득했던 일을 직접 저질러 보기로 했다. 사업자 등록을 하기 위해 무작정 세무서에 갔다. 번호표를 뽑고 한참을 기다렸다. 순번이 되어 작성한 서류를 제출하려는데, 가장 중요한 걸 빠뜨렸다. 신분증을 두고 왔다. 황당하고 어이가 없었다. 바보 같아서 스스로에게 화가 났다. 다시 집까지 차를 끌고 가 신분증을 들고 세무서에 갔다. '나라장터'에서 찜해 놓은 입찰 경쟁에 지원하려고 하니 자격이 안 되었다. 부랴부랴 다음날 조달청을 방문했다. 비슷한 실수를 저지르지 않기 위해 검색을 한 뒤 필요한 서류를 꼼꼼히 챙겨 나갔다. 1차 신청 후 작성할 서류가 또 있었다. 근처 커피숍에서 급히 작성한 뒤 2차 신청을 했고 무사히 신청을 완료했다. 집에 와서 지문입찰등록을 마무리한 뒤 찜했던 공고에 지원을 시도했다. 역시 황당한 일이 벌어졌다. 공고에서 제한해놓은 업종에 걸려 나는 지원 자격이 안 되어 제안서조차 올릴 수 없는 상황이었다. 이런저런 방법을 시도해보았지만, 입찰제한 일을 하루 남겨놓고는 해결할 수 없었다. 결국, 마감 시간을 넘기고 녹다운되었다.

문서에 명시되어 있는 내용을 여러 번 읽었음에도 인지하지 못했다. 해보지 않아서 미처 어떤 것이 문제가 되는지 몰랐다. 비록 이번에는 황당한 실수를 저질렀지만, 해보지 않았으면 영원히 알지 못할 수도 있었다.

다음 입찰 공고를 지원하면서는 전보다 더 수월하게 진행할 수 있었다. 다음 건도 완벽하지는 못했다. 기대하던 결과를 얻지도 못했다. 하지만 그 과정에서 새로운 것을 알았다. 가격경쟁을 어떻게 하는지, 그 과정은 어떻게 되는지. 생각만으로 해결되는 것은 아무것도 없다. 사과나무 아래에서 사과 떨어지기만을 기다린다면 언제 떨어질지 모르는 막연함으로 아까운 인생을 낭비할 수 있다. 특히나 요즘처럼 극심한 경쟁 사회에서 사과가 나무에서 떨어지기도 전에 누군가에게 다 뺏겨버릴 것이다.

교육 중에 과녁을 보여주며 종이비행기를 날리는 활동을 많이 한다. 교육생들은 모두 하나같이 100점을 향해 비행기를 날린다. 그리고 점수를 얻지 못했거나 낮은 점수를 얻으면 불같이 화를 낸다. 어떤 친구들은 한 귀퉁이에서 자신의 차례가 오기 전 여러 차례 비행기를 날려 본다. 확실히 실전에서 그들은 다른 이들보다 높은 점수를 획득한다. 실전에서 낮은 점수를 기록했던 친구들도 반복하다 보면 조금씩 점수가 높아진다. 우리는 자신의 시행착오를 통해 더 나은 결과를 얻을 수 있다. 처음에는 누구나 완벽할 수 없다.

내가 던진 비행기가 왜 20점 구역으로 날아갔을까.

'아…. 손을 던지는 방향이 너무 아래를 향했던 것 같다. 이번에는 조금 높게 던져봐야지. 40점이다. 나이스! 잘했다. 한 번 더 해보자. 조금 전처럼 방향을 조금 높이고, 이번에는 어깨를 조금 돌려보자. 던지기 전 상반신을 반쯤 돌린 후 반동을 이용해보자. 80점이다. 해냈다. 조금만 더 하면 목표 지점이다! 옆 친구가 던지는 걸 보니 비행기를 들고 있는 손을 하늘로 높이 들어올린 뒤 곡선을 그리며 던지더라. 나도 그렇게 해 보자.'

우리는 자신뿐 아니라 타인의 시행착오를 통해서도 많은 걸 배울 수 있다. 욕심 부리지 않고 한 단계 한 단계 목표를 향해 계획을 수정하고 행동으로 실천해 나간다면 원하는 것을 반드시 이룰 수 있다.

글로벌과 리더십키워드가 머리에 둥둥 떠다닌다. 내가 원하는 무대에서 원하는 콘텐츠를 어떻게 강의할 수 있을까. 마침 진해에 '이순신 리더십 국제센터'가 개관했다. 몇 달 동안 관심을 두고 지켜보다 전문가 과정을 개강하는 것을 알았다. 묻지도 따지지도 않고 등록과정을 마치고는 수업을 기다렸다. 전문가 과정을 이수한다고 해서 바로 강의 기회를 주지는 않았다. 그러나 그곳에서 또 다른 인연은 시작되고, 그 인연은 또 다른 기회로 이어졌다. 아무도 없는 객지에서 고군분투하던 나에게 든든한 조력자가 생겼다.

기대하지 않은 상황은 꼭 불행한 일만 있는 건 아니었다. 기대하지 못했음에도 불구하고 수업을 해주셨던 교수님 중 한 분이 나를 긍정적으로 평가해주셨다. 그리고 본인의 연구 업무에 보조연구원으로 등록해주셨다. 어떤 분은 진정한 인생의 선배로서 도움이 되는 조언을 많이 주신다. 또 어떤 분은 선뜻 대학원 박사과정을 위한 추천서를 써주기도 하셨다. 마치 바이러스가 전파되듯 인연과 기회는 뻗어나갔다. 이 모든 것이 행동을 실천으로 옮기지 않았다면 이루지 못했을 일이다. 공상만 가득한 채 체념에 잠겨 아이들과 남편의 뒤치다꺼리에 만족하고 살았다면 얻을 수 없었다. 뜻이 있는 곳에 길이 있다. 반드시 행동해야만 그 길을 갈 수 있다.

두려움을 이겨내었더니 새로운 기회가 왔다

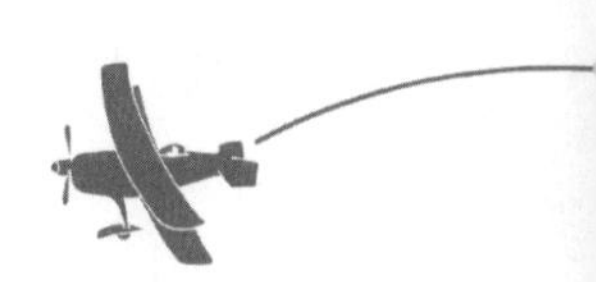

경상도와 전라도 사람들은 서로를 썩 좋아하지는 않는 것 같다. 경상도 사람을 많이 만나보지는 못했지만, 이유 없이 무섭고 두렵다는 생각마저 들어서 경상도로 이사를 오는 것이 맘에 걸렸지만 어쩔 수 없는 일은 결국 생겨버렸다.

배 속에 있을 때부터 큰 아이가 4살이 되어서도 여전히 주말 가족이었다. 주말에만 아빠를 만났기 때문에 아이와 아빠의 헤어짐은 익숙해졌다고 생각했지만, 일요일 저녁은 늘 아픈 이별이었다. 아이의 아빠가 집을 나서는 시간이면 울고 불며 아빠랑 많이 못 놀았다며 자지러졌다. 어쩌다 낮잠이 들어 인사를 미처 못 하고 헤어진 날이면 눈을 뜨자마자 문 앞에서 대성통곡하는 딸아이의 이야기를 듣고 보며 문을 닫는 남편의 두 눈은 촉촉해졌다.

15년 동안 찔러도 피 한방울 안 나올 사람이라 확신했는데, 처음

보는 그의 눈빛이었다. 마치 그 문이 닫히자마자 뜨거운 눈물이 주룩 흘러내릴 것 같았다. 애써 담담한 모습을 보이려 뒤돌아가는 한 걸음 한 걸음 발소리가 참 슬프게도 들렸다. 우리의 헤어짐은 누구를 위한 헤어짐인가? 이 이별을 통해 나와 우리 가족은 무엇을 얻을 수 있는가? 결단을 내렸다.

두려운 마음을 가득 안고 경남에 새로운 터전을 잡았다. 처음에는 누군가 말투가 다르다 어디서 왔느냐 물으면 그저 멀리서 왔다고 이야기했다. 조금씩 늘어나는 인연을 만나며 사람은 다 똑같다는 생각을 했다. 나는 왜 겪어보지도 않고 마음속 두려움만 가득 키워왔을까. 혼자만 하는 육아로 몸과 마음이 지쳐 고생을 좀 하긴 했지만, 새롭게 시작하는 지금과 이곳이 너무 좋다. 이곳에서 알게 된 소중한 인연도 진심으로 감사하다. 오히려 고향에서보다 이곳에서 만난 분들이 따뜻하게 도움을 많이 주신다. 이제 지역색은 옛말인가 보다. 아니면 예전에도 몇몇 개인 성향이었을지도 모른다. 하나를 보면 열을 안다고 했지만, 다 알 수는 없는 것 같다.

이순신 리더십 전문가 과정을 마치고 그곳에서 주관하는 다양한 교육 과정에 참관할 수 있게 되었다. 특별히 나를 아껴주시는 교육부장님은 눈에 많이 보여야 기회가 주어진다며 놀아도 센터에서 시간을 보내라 조언을 주셨다. 한 달 정도 무임으로 교육 운영을 지원했다. 버스 도우미를 하기도 하고 체험관 설명 보조로 시간을 보내기도 했다. 이러다 보면 강의 한 건 던져주시겠지 기대를 하고 있었지만 같은 기수 언니가 먼저 강의 기회를 얻었다. 여느 때와 다름없이 무임으로 업무를 보고 있었고, 센터장과 교육부장이 그 언니의 강의를 듣고 흡족해하는 모습을 보았다. 큰 쇠망치로 발등이 찍힌 기분이었다. 전략을 잘못 세웠다. 강의를 결심했으면 강의에 승부를 걸었어야 한다. 괜한 사탕발림에 넘어가 시간을 낭비했다. 그 시간에 조금 더 나만의 콘텐츠를 구상하고 강의로 밀어붙였어야 한다.

센터는 개관했지만, 센터장은 투자를 아꼈다. 인력난에 허덕이는 교육부장은 교육 기획부터 홍보, 총무 업무까지 도맡아야 했고 자신의 필요 때문에 나에게 이런저런 일을 시켰다. 해설사라는 명목으로 교육생의 현장 체험 시 인솔자 역할을 맡기려 했다. 내가 과거에 어떤 일을 해 왔고 어떤 강점이 있는지는 관심 없었다. 체험관에서 이순신의 일대부터 임진왜란과 그의 지도력에 관련한 자료를 설명하는 일은 식은 죽 먹기 일이었다.

처음에는 분명 나에게 피가 되고 살이 되리라 생각했다. 그러나 일을 할수록 예전 직장생활의 후회가 떠올랐다. 모 자동차 회사에서 가장 쉬운 일을 하며 쉽게 살았지만 가장 후회하는 일이다. 내가 원하는 것이 무엇이고, 내가 가야 할 방향이 어디인지 분명히 알고 있었지만, 나는 쉬운 길을 선택했다. 분명히 내가 가야 할 방향과 맞지 않은 길임에도 불구하고 선뜻 목소리를 내는 것이 두려웠다.

혹시 관계가 틀어져 희미한 희망의 끈도 놓쳐버리는 것은 아닌지 염려되었지만, 용기를 냈다. 교육생 체험행사의 보조를 부탁하는 그분께 정중히 나의 의사를 전달했다.

"부장님, 어렵게 기회를 주셨을 텐데 정말 죄송합니다. 저는 강의를 하고자 하는 사람이지 해설사를 생각하고 있지는 않습니다. 부장님께서 손이 모자라 부탁을 하시는 거라면 기꺼이 가서 도와드릴 수는 있습니다. 그러나 강의의 기회를 더 얻고 싶습니다."

내 말이 끝나기가 무섭게 그는 전화를 끊어버렸다. 그 뒤로는 경쟁 강사들은 활발한 활동을 하고 있고, 나에게는 어떤 기회도 주어지지 않고 있지만, 마음은 후련했다. 과거의 실수를 반복할 수는 없었다. 꾸준히 내실을 다지며 나만의 콘텐츠를 강화해나가면 나의 시대가 올 것이라 확신한다.

입찰 공고를 둘러보던 중 우리 지역의 한 고등학교에서 이틀간 취업캠프를 실시한다는 공고를 보았다. 다행히 자격 제한이 없이 오직 가격경쟁으로 입찰을 딸 수 있는 절호의 기회였다. 머리를 굴려 가격을 올렸지만 실패했다. 입찰 공고에 지원한 회사와 제안한 가격 리스트가 보였다. 입찰을 따낸 회사를 인터넷에 검색하니 생뚱맞게 여섯 시간이나 멀리 떨어진 강원도에 있는 회사였다. 한 번에 강사가 10명이나 필요한 자리라 분명 강사를 모집하는 데 어려움이 있을 것으로 생각했다.

나는 지푸라기라도 잡는 심정이었다. 달력에 미리 체크 해놓은 이틀을 꼭 강의를 나가겠다고 다짐했었다. 고민하고 고민하다 용기를 내어 그 회사에 전화를 걸었다. 프로필을 보낸 후 연락을 기다렸다. 예정된 강의 3일 전까지도 연락이 오지 않아 전전긍긍하다 밑져야 본전이다는 생각으로 다시 한번 전화를 걸었다. 결국, 나는 그 강의 건을 따내는 데 성공했다.

얼마 전 시골의 한 마을의 리더를 대상으로 교육을 하는데 경영전략과 마케팅에 관한 내용이었다. 대학원에서 공부하면서 전략 경영을 수강하기는 했지만 늘 제대로 알지 못하는 분야라 생각하고 멀리했었다. 먼지 묵은 책을 다시 꺼내고, 정리했던 노트를 찾아보았다. 각각 두 시간가량의 강의를 준비하며 나 정도가 감히 하는 생각이 바뀌었다. 나도 할 수 있구나. 교육생 중 최고 책임자인 위원장님이 보통 잠깐 앉아 있다 나가시는데 끝까지 강의를 경청한 적은 처음이었다고 칭찬해주었다. 두려움을 이겨내었더니 또 다른 기회가 왔다.

요즘 법륜스님의 '즉문즉설'을 자주 본다. 어쩜 하나같이 즉각 명쾌한 답을 주시는지 가려운 곳이 시원해진다. 이 글을 쓰고 있는데 마침 일 글을 보았다.

"저희 남편은 낚시광입니다. 회사 동호회에서 배를 빌려서 다닐 정도로 낚시를 좋아합니다. 저는 자기 취미 생활을 즐기는 것은 자유라는 입장으로 남편의 취미를 존중하고 있는데, 문제는 먹장어,

참돔, 양태, 가자미 등을 잡아 와서 저한테 회를 만들어달라고 하는 것입니다. 정작 본인은 징그러워서 못 만지겠다고 하면서 저한테는 횟감을 만들어달라고 하는 모습에 배신감도 듭니다. 저는 이미 잡혀 온 생명이기 때문에 맛있는 횟감이 되는 게 그 나름의 가치를 다하는 그것으로 생각하고 회를 만들고 있는데, 살생하지 말라는 오계를 스님께 받은 상황에서 마음속 갈등이 생깁니다. 이 상황을 어떻게 해야 할지 여쭙고 싶습니다."

스님은 대답했다.

"남편에게 이렇게 분명하게 이야기하면 돼요. '나는 살아있는 생명을 죽일 수 없다. 꼭 회를 먹고 싶으면 죽이는 것은 당신이 하되, 요리만 내가 해주겠다.' 그렇게 말했는데도 남편이 물고기 죽이는 것을 하지 않으면 물고기를 잡아 와도 그냥 버리면 돼요. 조금 과감해야 합니다. 남편이 물고기를 잡아 와도 다른 반찬을 내놓고, 아까 준 물고기는 어떻게 했냐고 하면 버렸다고 하면 돼요. 처음에는 성질을 낼 거예요. 심지어 빰을 맞을 수도 있어요. 아무리 그래도 서너 번만 하면 해결돼요. 지금 아무것도 감수하지 않으려고 하면 해결이 안 되는 거예요. 질문자는 빰 서너 대 맞는 게 나아요, 다음 생에 지옥에 가서 내내 고생하는 게 나아요?"

불가능한 전쟁에 대한 두려움에 휩싸인 조선 수군의 모습에도 불구하고 이순신은 "아직 신에게는 12척의 배가 남아있사옵니다."

라고 임금께 장계를 올렸다. 그리고 이 말과 함께 "만일 그 두려움을 용기로 바꿀 수만 있다면 두려움에 맞서는 자, 역사를 바꿀 것이다."라는 명언을 남겼다. 누군가 해결해줄 것이라는 기대를 버리자. 용기 있는 도전만이 나를 위한, 나에게 이로운 결과를 가져다준다. 두려움을 용기로 바꿀 수만 있다면 분명 나의 역사를 바꿀 수 있을 것이다

< 마치는 글 >

늘 고단한 삶의 연속이었다. 언젠가부터 인생이 꼬이기 시작했다. 쉬지 않고 참 열심히 살아왔지만, 늘 부족하다 느꼈고 자신이 없었다. 늘 인생의 패배자였고, 세상은 나에게만 혹독하다 비관했다. 이렇게 살아서 뭐 하나 싶다가도 차마 죽을 용기가 나지 않아 꾸역꾸역 삶을 이어올 수밖에 없었다.

'난 왜 더 잘나지 못했을까….'

스스로 용서하지 못했고 내가 가진 것과 환경에 대해 늘 원망했다. 자신감을 잃은 내가 싫었다. 어떻게 하면 네가 자신감을 되찾을 수 있겠냐고 거울 속 우울한 나에게 물었다.

결론은 내 마음의 문제였다. 마음속 불안은 자신에 대한 확신이 없어서 시작된 것이었고 삶을 대하는 나의 부정적 태도가 문제였다. '지나간 것은 지나간 대로 그런 의미가 있죠'라는 노래를 들으며 다시 용기를 냈고 나를 격려하기 시작했다. 매 순간 준비하고 기회를 어떻게 잡을 것인가만 고민했다. 좋아하는 일보다는 해야 할 일을 우선으로 하자. 해야 할 일은 시간이 지난다고 해서 없어지는 것이 아니라 쌓이는 것이라 믿고 실천했다.

탯줄을 끊는 순간 정답을 알고 있으면 좋으련만. 누군가는 답을 알고 있지 않을까 철없는 생각도 가졌다. 제발 누군가는 나에게 정확한 답을 주길 바랐지만, 누구도 나에게 답을 알려주지 못했다. 갈팡질팡하는 사이 내 인생은 낭비된다. 불안한 시간을 곱씹지 않고 그 시간에 나 자신에게 집중했다. 내가 진정 원하는 가치와 미래상이 무엇인지 나에게 묻고 또 물었다. 그것을 가로막는 두려움은 무엇인가? 그 두려움을 용기로 바꾸는 순간 나에게 기회가 왔다.

오랜 시간이 흘러 지나온 길을 되돌아보니, 살면서 가슴 뛰는 순간이 있었고 그 순간 행복했다는 것을 기억했다. 지쳐서 쓰러져도 또 다른 꿈을 만나 두근거리는 삶을 살 수 있었다. 다만 처음 꾸었던 꿈이 나에게 맞지 않는 옷이었음에도 집착했기에 상처 입고 시간을 허비했다.

조금 일찍 진정 원하는 일을 찾고, 가장 잘 할 수 있는 일을 발견했다면 어땠을까? 인생은 항상 미지수다. 하고 싶은 일을 해야 하는지, 해야 할 일을 먼저 해야 하는지, 할 수 있는 일을 먼저 해야 하는지 선택의 갈림길에 선다. 어떤 선택을 하든지 간에 결과는 또 나의 몫이다.

먼 길을 돌아왔다는 것만 이제야 알았다. 내 인생의 답은 정해지지 않았으며 반드시 나의 힘으로 만들어가야 한다는 것을. 너무 늦게 안 건 아닌가 후회스럽기도 하지만 이제라도 알게 되어서 참 다행이다.

나와 비슷한 상황을 겪었거나, 비슷한 고민의 늪에 빠져서 허우적대고 있는 인생의 후배들이 있다면 나의 경험담이 도움이 되었으면 좋겠다. 자신을 책망하고, 사회를 비정하게만 바라보는 것을 끝내고 이제는 스스로 친절했으면 좋겠다. 나보다 높은 사람, 나보다 많이 가진 사람하고만 내 삶을 비교하는 데 인생을 낭비하지 말고 '나' 자신의 가치에 대해 고민하고, 꼼꼼히 채워 나갔으면 좋겠다.

무엇이든 꿈꾸면 이루어진다고 확신하지는 못하겠다. 그러나 나에게 맞는 실현 가능한 꿈을 꾸고, 나에게 적합한 전략을 계획한 뒤 전력투구한다면 반드시 이루어질 것이다. 한 걸음 한 걸음씩 욕심 부리지 않고 한 계단 한 계단을 밟아 나가면 분명 우리가 정해놓은 최종 목적지에 도달해 있을 것이라 확신한다.

나는 매일 더 나은 삶을 살기 위해 살아간다. 더 나은 삶이란 무엇일까. 누구보다 나은 삶이 아닌 어제의 나보다 더 나은 삶이다. 결혼하고 아이를 낳고 기르는 일련의 과정은 매일매일 나를 성숙하게 한다. 문득 도망치거나 시간을 거꾸로 돌리고 싶을 때도 있지만, 끊임없이 흘러가는 순간의 순간을 수정하고 개선하면서 살아간다. 그것이 인간의 숙명이지 않을까. 비로소 나는 한층 더 성숙하고 싶어지며 단단한 한 사람이 되어 있다. 그것으로 만족하고 나의 매일은 행복하다.